おじいちゃんが教えてくれた

人として大切なこと

THE GIFT OF ANGER

And Other Lessons
from My Grandfather Mahatma Gandhi

ARUN GANDHI

アルン・ガンジー
桜田直美 訳

ダイヤモンド社

プロローグ

私たち一家は、祖父を訪ねていくところだった。

私にとってのマハトマ・ガンジーは、世界中で尊敬される偉大な人物ではなく、優しい「バプジ」、両親からよく話を聞いていた「お祖父さん」だった。

南アフリカにあった自宅からインドのバプジを訪ねるのは、とても長い旅になる。ムンバイから満員の列車で16時間も揺られた。三等列車には、タバコの煙と汗の匂い、機関車が吐き出す煙が充満している。

列車が目的の駅に到着したときには、家族みんなくたくたに疲れていた。石炭の粉を逃れてプラットホームに降り、新鮮な空気を吸ったときは、本当に気分がよかったのを覚えている。

まだ朝の9時にもなっていなかったが、太陽はすでにギラギラと輝いていた。プラットホームが一本と駅長室があるだけの小さな駅だ。

父は、腰巻きをしたポーターを見つけると、荷物を馬車まで運んでもらった。六歳になる妹のエラを抱き上げて馬車に乗せた父は、私に向かって妹の隣に座るように言った。父と母は後ろから歩いていくという。

「それなら僕も歩く」と私は言った。

「だいぶあるんだよ。たぶん一三キロはあるだろう」と父は言った。

「大丈夫だよ」と私は言い張った。そのとき私は一二歳で、自分の強さを証明したかったのだ。

しかし、その言葉に後悔するまでには、そう長くはかからなかった。太陽はどんどん威力を増し、そのうえ駅から二キロも行かないうちに、舗装された道路も終わってしまった。私はすぐに疲れ、汗だくで、埃《ほこり》まみれになった。

でも、今さら馬車に乗るわけにはいかない。一度口にしたことは必ず守らなければならないというのが、わが家のルールだからだ。これはもはや、脚力とエゴのどちらが強いかという問題ではない。ただ歩き続けるしかなかった。

祖父ガンジーとの出会い

ついに、バプジのアシュラムが見えてきた。アシュラムとは瞑想《めいそう》や修行をするための場所のことだ。バプジのアシュラムはセヴァグラムという場所にある。長い長い旅の果てに、私たち一家はインドの片田舎に到着した。貧しい人たちの中でも、とりわけ貧しい人たちが暮らす地域だ。

祖父の話はよく聞いていた。世界中に愛を届けるすばらしい人だと誰もが言っていた。そのため私は、祖父のアシュラムは花が咲き乱れ、清らかな滝が流れ落ちる楽園のような場所だろうと想像していた。

ところが、だ。実際に到着してみると、ただの埃っぽい平地に泥でできた粗末な小屋がいくつか建っているだけだ。こんなつまらない場所に来るために、あれだけの長旅をしたのだろうか？　少なくとも、私たちを歓迎するパーティくらいはあるだろう――。しかし、私たち一家を出迎えてくれる人は誰もいなかった。

私たちは粗末な小屋の一つに入った。私はそこでお風呂に入り、顔を洗った。バプジには五歳のときに一度だけ会っていたが、私はまったく覚えていない。だから、この二度目の面会を前に、少し緊張していた。

両親からは、お祖父さんに会うときはお行儀よくしなさいと言い聞かされていた。なぜなら祖父は重要人物だからだ。マハトマ・ガンジーは南アフリカでも有名で、人々の尊敬を集めていた。

だから私は、バプジはきっと宮殿のような家に住んでいて、たくさんの召使いたちに囲まれているのだろうと想像していた。

私たちはまた別の粗末な小屋へ行き、土でできたベランダを通って、一三平米もないような小さな部屋に入った。

部屋の片隅にいるバプジを見たとき、私は心底びっくりしてしまった。

宮殿でもなく、たくさんの召使いもいない。バプジはただ、薄い綿の敷物の上に座って誰かと話している。後から聞いた話では、そのときバプジと話していたのはインドの指導者たちだった。偉大なガンジーに教えを請《こ》うていたのだ。

私たちを見ると、バプジは歯のない口を開けて嬉しそうに笑い、こちらに来るようにと手招きをした。

妹と私は、両親の真似をしてバプジの足元にひざまずいて頭を下げた。インドの伝統的な挨拶だ。

しかし、バプジはそんな堅苦しい挨拶は求めていなかった。すぐに私たちを引き寄せると、一人ひとり抱きしめ、両方の頬にキスをした。妹のエラは、喜んで叫び声を上げた。

「旅はどうだったかな?」とバプジは尋ねた。

私はすっかりうろたえてしまい、しどろもどろになりながら答えた。

「バプジ、僕は駅からずっと歩いてきたんです」

バプジは声を出して笑った。その目がいたずらっぽく光ったのを覚えている。

バプジは「そうなのか。それは偉かったね」と言うと、私の頬にさらにキスをした。

さっそく私はバプジの無条件の愛を感じることができ、十分すぎる祝福を受けた。

しかし、バプジが与えてくれた祝福は、それで終わりではなかった。

両親と妹のエラは、バプジのアシュラムに数週間だけ滞在し、インドの別の地域に暮らす母方の親戚を訪ねていった。私だけがアシュラムに残り、それから二年間にわたってバプジと一緒に暮らすことになる。

一二歳の何も知らない子供が、少しばかり分別を身につけ、一四歳の青年になるまでの年月だ。その二年間でバプジから学んだ教えが、私の人生を永遠に変えることになった。

バプジはよく糸車を回していた。バプジの人生もまた、糸車で紡《つむ》ぎ出される糸のようだと私は考えている。それは物語や教えが連なる黄金の糸で、世代を超えて受け継がれ、丈夫な布地となって私たちの人生を包んでくれる。

現代に生きる人の多くは、私の祖父を映画や教科書でしか知らないだろう。「非暴力主義」を始めた人であり、その教えがやがてアメリカの公民権運動に影響を与えたことから、祖父を知っている人もいるかもしれない。

でも、私にとってのマハトマ・ガンジーは、何よりもまず優しいバプジだ。私のいい面を探し、それを引き出してくれた人だ。バプジの存在があったおかげで、私は自分でも想像していなかったほど、人間としての高みを目指すことができた。

マハトマ・ガンジーと非暴力主義

祖父は正義を大切にしていた。それは、壮大な理論から生まれた正義感ではなく、一人ひとりの苦しみに心を動かされて生まれた正義感だった。

人はみな、自分にとっての最高の人生を生きる権利がある。

祖父は、そう心から信じていた。

現代に生きる私たちこそ、バプジの教えが必要だ。今の世界に充満する怒りの深さを見たら、バプジはきっと悲しむだろう。

しかし、バプジは絶対に希望を捨てない。

「すべての人類は一つの家族だ」――私はこの言葉を、祖父から何度も聞かされた。

祖父の時代にも、危険や憎しみは存在した。それでも、「非暴力」という祖父の教えは、インド独立の原動力になり、全世界の自由と人権の運動にとって一つのお手本になった。

現代を生きる私たちも、争いをやめて、現代社会をむしばむ問題を効果的に解決しなければならない。

私の暮らすアメリカでは、銃乱射事件や爆弾事件が、まるで日常生活の一部のようになってしまっている。警察官や、平和的な抗議運動の参加者が、無慈悲に殺されている。学校や近所の通りで子供たちが殺され、ソーシャルメディアには憎しみと偏見があふれている。人々をまとめ、調和のとれた社会を目指すはずの政治家は、むしろ人々の間に暴力と怒りを広めている。


祖父が実践した非暴力主義は、決して弱さや服従の現れではない。むしろ、倫理的にも道徳的にもより強い立場になり、社会に調和をもたらすための有効な手段だ。

非暴力の抵抗運動を始めたばかりのころ、祖父は周りの人たちに、自分の運動の名前を考えてほしいとお願いした。

すると従兄弟の一人が、サンスクリット語で「正しい目的のための断固とした態度」という意味になる「サダグラハ」はどうかと提案した。

祖父はその言葉を気に入ったが、少しだけ変えて「サティヤーグラハ」と呼ぶことにした。これは、「真実のための断固とした態度」という意味だ。後にこの言葉は、「魂の力」と訳されるようにもなった。

私が思うに、現代に生きるすべての人は、「サティヤーグラハ」、または「魂の力」に回帰することが必要だ。

バプジの始めた運動は、社会を根底から変え、何億人ものインド人に自由と独立をもたらした。

しかし、ここでいちばん大切なのは、「愛」と「真実」の力で目標を達成できるということが、バプジの活動によって証明されたことだ。

お互いへの不信感を捨て、前向きな目標と勇気を持てば、社会を大きく前進させることができる。

祖父ガンジーが教えてくれた「人生のレッスン」

バプジはイギリスの支配に反対し、インド独立を訴えていた。すべてのインド人が、自分のことは自分で決められるようになるべきだと主張した。

そのために、ただ愛と平和を願っていただけなのに、六年近くもインドの牢獄《ろうごく》に入れられることになった。多くの人にとって、平和と団結を訴えるバプジの思想はとても危険だったのだ。

当局はバプジを警戒するあまり、バプジの妻と、親友のマハデブ・デサイまでも投獄した。一九四二年、デサイは牢獄の中で心臓発作を起こして亡くなった。そして一九四四年二月二二日、バプジの愛する妻のカストゥルバも、頭をバプジの膝に乗せて息を引き取った。妻の死から三カ月後、一人だけ生き残ったバプジはついに釈放された。

私がバプジと一緒に暮らすようになったのは、その翌年のことだ。バプジは私がよりよい人生を送れるように、熱心に教えを授けてくれた。

バプジと一緒に暮らした二年間は、バプジにとっても私にとっても重要な時期だった。バプジが世界を変える活躍をするかたわらで、私は自分を変えようと奮闘していた。しばしば暴走して手に負えなくなる自分の感情をコントロールし、自分の能力を発揮して、世界を新しい目で見る方法を探していた。シンプルで実用的な人生のレッスンをバプジから教わりながら、同時に歴史を目撃していたのだ。

あの二年間は、「**あなたがこの世で見たいと思う変化に、あなた自身がなりなさい**」というバプジの有名な言葉を教わる、短期集中コースのようなものだったのだろう。

現代に生きる私たちにも、その変化が必要だ。暴力と憎悪がすでに危険なほど蔓延していることを考えると、今すぐにでも行動しなければならない。

人々は変化を切望しているが、どうすればいいのかわからず、途方に暮れている。貧富の格差が広がり、アメリカだけでも一五〇〇万人以上、そして全世界では何億人もの子供たちが、十分に食べられずにひもじい思いをしている。その一方で、豊かな人たちは、まるで当然の権利のように資源を無駄づかいしている。

私の祖父は、まさに今のような時代が訪れるのを恐れていた。

暗殺されるわずか一週間前、記者から「あなたが亡くなった後に、あなたの思想はどうなると思いますか?」と質問されると、祖父は深い悲しみをたたえてこう答えた。

「人々は生きている私に賛同し、死んだ私を崇拝するが、私の大義を自分の大義にすることはないでしょう」

私たちは今ここで、ガンジーの大義を再び自らの大義にしなければならない。バプジが授けてくれた日々の教えは、現代でも生かすことができる。むしろ、今ほどバプジの教えが必要な時代はないだろう。

バプジは、時代を超越した真実と、実用的な教えの両方を活用して、歴史の流れを変えた。そして今度は、現代に生きる私たちがそれを実践するときだ。

バプジの教えは、私の人生を変えた。あなたもバプジの教えで、人生の意義を見つけ、より深い心の平穏を手に入れることを願っている。

あなたがこの世で見たいと思う変化に、
あなた自身がなりなさい。

おじいちゃんが教えてくれた　人として大切なこと　もくじ

レッスン4 自分だけの価値を知る

レッスン5 ウソは人生のガラクタ

レッスン6　ものを粗末にするのも暴力

レッスン7　子を育てるということ

レッスン8

謙虚な人は、強い人

レッスン1

怒りは、賢く使いなさい

私の祖父は、暴力に対して「愛」と「許し」で応えた。世界はそんな祖父を見て、たいそう驚いた。祖父が「怒り」の毒に屈したことは一度もない。

しかし、残念ながら私は違った。私が子供時代を過ごした南アフリカは、当時はアパルトヘイトによって公然と人種差別が行われていた。インド人の私は、白人の子供たちからは「十分に白くない」という理由でいじめられ、黒人の子供たちからは「十分に黒くない」という理由でいじめられていた。

ある土曜日の午後、キャンディを買いに行こうと、白人が暮らす地域を歩いていたときのことだ。三人の十代の白人少年が、私に襲いかかってきた。一人が私を平手打ちにし、私が倒れると他の二人が私を蹴りだした。その間、彼らはずっと笑っていた。そして誰かに見られる前に三人は走って逃げていった。私はまだ九歳だった。

その翌年、ヒンドゥー教の光のお祭りを祝うために、家族で街に暮らす友人の家を訪ねたときにも同じようなことがあった。

通りを歩いていると、街角にたむろしている黒人の少年たちとすれ違った。すると彼らの一人が後ろから近づいてきて、棒で私の背中を思いっきり殴ったのだ。ただ私がインド人だという理由だけで。

私は激しい怒りを覚え、仕返しをしてやりたいという思いが大きくなっていった。だから、ウェイトトレーニングを始めた。強くなれば仕返しができると考えたからだ。

ところが、バプジの非暴力主義を信奉していた両親は、喧嘩ばかりしている私を見て、とても心を痛めていた。息子の怒りっぽい性格をどうにかしようと手を尽くしたが、どれもうまくいかなかった。

私自身も、自分の怒りの感情をもてあましていた。相手を恨《うら》み、仕返しをすることばかり考えていると、むしろ弱い人間になってしまう。

アシュラムでバプジと一緒に暮らせば、怒りをコントロールする方法を学べるのではないか――それが私の両親の期待であり、私自身もそう望んでいた。

アシュラムに来て祖父と初めて会ったとき、いつも落ち着いている人だという印象を持った。周りで何があっても、誰に何を言われても、自分を完全にコントロールできる。そのとき私は、自分もバプジのような人になろうと心に誓った。

最初のうちは、その誓いをきちんと守っていたのではないかと思う。両親と妹がアシュラムを離れた後、私は近くの村に住む同じ年頃の少年たちと仲良くなり、一緒に遊ぶようになった。彼らは古いテニスボールを使ってサッカーをしていたので、私は地面に石を置いてゴールの代わりにした。

サッカーは楽しかった。初めて会った日から南アフリカの訛《なま》りをからかわれたけれど、それくらいは平気だった。以前はもっとひどい目にあっていたからだ。

でも、ある激しいゲームの最中に、彼らの一人が、ボールを追いかけて走る私にわざと足を引っかけた。私は埃っぽい地面に思いっきり転んでしまった。膝をすりむき、心も同じくらい傷ついた。

そのとき、いつもの怒りがわき上がってくるのを感じた。心臓の鼓動が速くなり、仕返しをしてやりたいという気持ちを抑えられない——。私は石をつかんだ。そして立ち上がり、つかんだ石を怒りにまかせて相手に投げつけようとした。

そのとき、頭の中で「やめろ」という小さな声がした。

私は石を地面に投げると、走ってアシュラムに戻った。


祖父を見つけると、泣きながらその出来事を話した。

「バプジ、僕はいつも怒っているんです。自分でもどうしたらいいかわかりません」

私は、バプジをがっかりさせてしまうと思っていた。きっと私のことを怒っているだろう、と。

しかしバプジは、優しく私の背中をさすりながらこう言った。

「糸車を持ってきなさい。一緒に座って糸を紡ごう」

怒るのは、いいことだ

アシュラムに来てすぐに、バプジは糸車の使い方を教えてくれた。それからは、朝に一時間、夜に一時間、毎日糸車を回していた。糸車を回すと、とても心が落ち着く。バプジはマルチタスクという言葉が生まれる前から、マルチタスクを実践していた。「座って話しながらでも、手は糸車を回すことができるんだよ」とよく言っていた。

私は自分の糸車を持ってくると、バプジの隣に座った。バプジはにっこり笑うと、糸車を回し、話を始めた。糸を紡ぎながら、私への教えも紡いでいたのだ。

「一つお話をしてあげよう」とバプジは言った。

「昔々、おまえと同じ年頃の男の子がいた。その子はいつも怒っていた。自分の思い通りにならないことばかりだったからだ。その子は、他人の考え方が理解できなかった。だから、誰かが気に入らないことを言うと、すぐに怒りを爆発させていた」

この「男の子」は、きっと自分のことだ――私はそう思ったので、黙って糸車を回し、バプジの話をじっと聞いていた。

「ある日、男の子は激しい喧嘩をして、思わず相手を殺してしまった。一瞬でも怒りに身を任せてしまったために、他人の命を奪い、自分の人生も台無しにしてしまったんだよ」

どうすればいい子になれるのかはまったくわからなかったが、それでも怒りのせいで誰かを殺してしまうなんて、私は考えたくもなかった。

「バプジ、約束します。もっといい子になります」

そう言うと、バプジはうなずいた。

「おまえはたしかに怒りをたくさん持っているようだね。お父さんとお母さんから喧嘩の話は聞いているよ」

「ごめんなさい」と私は言った。また泣き出してしまいそうだった。

そのときバプジは、私が予想もしていなかったことを言った。糸車越しに私のほうを見ると、「**おまえが怒ることのできる子で嬉しく思っているよ**」と言ったのだ。

「怒るのはいいことだ。実はね、私もしょっちゅう怒っているんだ」

そう言いながら、バプジは糸車を回していた。

私は自分の耳が信じられなかった。「バプジが怒ったところなんて、一度も見たことがない」と、私は言った。

「それはね、自分の怒りを正しく使う方法を学んだからだ」と、バプジは説明した。

「怒りは、車のガソリンのようなものだ。怒りがあるおかげで、人は前に進むことができるし、もっといい場所に行くこともできる。怒りがなければ、困難にぶつかったときに、なにくそという気持ちで立ち向かうこともできないだろう？ 人は怒りをエネルギーにして、正しいことと、間違ったことを区別することができるんだよ」

正しい怒りの矛先とは？

バプジは続けてこんな話をしてくれた。バプジもまた、幼少期を過ごした南アフリカで激しい差別を経験し、よく怒っていたという。それでもやがて、怒って仕返しをしても、問題の解決にはならないということがわかってきた。

「人」に対して怒るのではなく、「偏見」や「差別」そのものに怒りをぶつける。そして、差別する人たちにも思いやりの心を持ち、怒りと憎しみには正しい行いで応える。

バプジは真実と愛の力を信じていた。「目には目を」という態度でいたら、世界中のいい目的のために怒りを使いなさい。
怒りは、車のガソリンのようなものだ。
怒りがあるおかげで、人は前に進むことができるし、
もっといい場所に行くこともできる。
怒りがなければ、困難にぶつかったときに、
なにくそという気持ちで
立ち向かうこともできないだろう?
人は怒りをエネルギーにして、
正しいことと、間違ったことを
区別することができるんだよ。

人の目が見えなくなってしまうと、バプジはよく言っていた。

私はてっきり、バプジは生まれつき穏やかな性格なのだと思い込んでいた。ところが、偉大なマハトマ・ガンジーも、昔は私と同じようにやんちゃな子供だったのだ。私と同じ一二歳くらいのころには、両親の財布からお金を抜き取ってタバコを買ったり、他の子とよく喧嘩をしたりしていたという。

そして一三歳になると、両親に言われるがままに、同い年の少女と結婚した。後に私の祖母になる女性だ。バプジは幼い妻に向かって怒鳴ることがあり、あるときには、口論の末に妻を持ち上げ、家から放り出そうとしたこともあったという。

それでもバプジは、このままではいけないとわかっていた。そして努力し、自分の感情をコントロールできる大人になったのだ。

「僕にも同じことができるかな？」

私はバプジに尋ねた。

「今それをやっているところじゃないか」

バプジはそう言うとにっこり笑った。

バプジと並んで座り、糸車を回しながら、私は「怒りを正しく使う」というバプジの言葉についてじっくり考えてみた。

怒るのは悪いことではない。ただ、正しい目的のために使えばいいだけだ。

たとえばバプジのように、政治を正しい方向に変えるために怒りを使う。

バプジが言うには、私たちが回しているこの糸車も、怒りから生まれた前向きな変化だ。

インドではもう何百年も前から、小さな工場や家庭で綿の生地を作ってきた。ところが、そこにイギリスがやってきて、インドの綿花を国に持ち帰り、大きな工場で生地を作り、できた生地を高い値段でインドに売るようになった。インドの人々は怒りの声を上げげた。イギリス製の生地を買うお金がなかったからだ。

しかし、そこでバプジが選んだ行動は、イギリスの工場を攻撃することではなかった。自分が手本となって、糸車を使って自分の生地は自分で作るという方法を広めたのだ。

この運動は、インド全土とイギリスに大きな影響を与えた。

怒りの日記

バプジは別の話もしてくれた。怒りを「電気」にたとえるという話だ（バプジはたとえ話が大好きだった！）。

「電気を賢く使うと、生活がとても便利になる」と、バプジは言った。「でも使い方を間違えると、死んでしまうこともあるね。怒りも電気と同じで、賢く使わなければならないんだよ」

たしかに、怒りの電気がショートして、自分や他人の人生を台無しにしたくはない。でも、怒りで世界を明るく照らすには、いったいどうすればいいのだろう？

バプジはノートと鉛筆を私に渡し、「これに怒りの日記を書きなさい」と具体的なアドバイスをしてくれた。

「大きな怒りを感じることがあったら、そこでいったん立ち止まり、自分の怒りについて考えてみなさい。誰に対して怒っているのか。何が怒りの原因なのか。なぜ自分はこんなに怒っているのか。そして考えたことを、このノートに書くんだよ。このノートの目的は、怒りの原因を突き止めることだ。原因がわからないと、解決策も見つからないからね」

ババジによると、ここでいちばん大切なのは、**関係するすべての人の視点で考えることだ**。怒りの日記は、単に怒りを吐き出して、自分のほうが正しいと確認する手段ではない（たいていの人は、この目的で怒りの日記を書いている。そして後で読み返したときに、当時を思い出してまた腹を立て、自分は正しいと再確認するのだ！）。

怒りの日記の本当の目的は、衝突の原因を探り、問題を解決する方法を見つけることだ。自分の怒りをいったん脇に置き、他の人の視点で状況を眺《なが》めてみる。これはなにも、相手の言いなりになるということではない。むしろ、有効な解決策を見つけて、これ以上、怒りや憎しみが大きくならないようにするためのテクニックだ。

争いを解決したいと思って行動しているのに、かえって火に油を注《そそ》いでしまうことがある。怒りにまかせて相手を威嚇し、自分の思い通りに動かそうとしてしまうのだ。**攻撃や批判は、問題をむしろ悪化させる**。相手が子供であっても大人であっても同じことだ。

怒りにまかせて相手を攻撃するのは、いじめっ子と同じだ。いじめっ子は、自分では気づいていないが、本当は強くも何ともない。意地悪な人、他人を貶《おとし》める人は、実はいちばん弱い人だ。子供同士の遊びの場でも、ビジネスや政治の世界でも、いちばん威張っている人が、いちばん自信のない人だ。

相手の考え方を理解し、許すことができるのが、本当の強さの証明だということを、バプジは私に教えてくれた。

一度発した弾は、二度と銃には戻せない

私たちは、健康で丈夫な体を作ることには熱心だが、健康で丈夫な精神を作ることにはまるで無頓着だ。自分の精神をコントロールできない人は、すぐにカッとなり、後悔するような言動を繰り返してしまう。

腹が立つようなことは、一日のうちに少なくとも一〇回はあるだろう。私たちはそのたびに、自分で自分の反応を決めている。同僚に嫌味を言われ、思わず嫌味で応酬してしまう。腹の立つメールを読み、反射的に攻撃的な返事を出してしまう。

たとえ相手が愛する家族でも、怒りにまかせて反応し、傷つけてしまうことさえある。

がっかりさせられたり、気に入らないことを言われたりすると、思わず攻撃的な態度になってしまうのだ。

しかし、そうして相手に発した言葉は人を傷つける。本当は愛と思いやりの気持ちで接しなければならない人たちの心に、決して癒《い》えることのない傷を残してしまう。

さらに、**怒りは、自分でも気づかないうちに自分自身をも傷つけている**。誰かを罵倒《ばとう》したときや、残酷な仕打ちをしたときの自分を思い出してみよう。とても悲惨な状態になっているはずだ。体は硬直し、手がつけられないほど怒りの感情が燃えあがる。怒りの炎に焼き尽くされ、他のことにまったく集中できない。怒りは視野を狭くする。その瞬間は、相手を痛めつけることしか考えられなくなる。

時間が経って心が落ち着き、相手に謝ろうとするかもしれない。しかし、たとえ謝っても、自分の爆発をなかったことにはできない。思わずカッとなった気持ちをそのまま爆発させるのは、銃の引き金を引くようなものだ。一度発射した弾丸は、二度と銃に戻すことはできない。

ここで忘れてはならないのは、**私たちには、自分の反応を自分で決める力がある**ということだ。

あの日、一緒に糸車を回しながら、バプジは教えてくれた。怒りとは、何かが間違っていることを教えてくれる警報だということを。

日記を書くのは、最初の一歩にすぎない。感情をコントロールする力を身につければ、この先、腹の立つことがあったときに、正しい反応を選ぶことができるようになる。心ない言葉で相手を傷つけるのではなく、誰もが幸せになれる解決策を見つけることに集中できるようになる。

とっさの反応でまずい結果になりそうだったら、**「どんな反応をすれば、お互いにとっていい結果になるだろう？」と考えなさい**。そう、バプジは私に教えてくれた。

怒りに振り回されないためのトレーニング

「バプジ、僕は怒りに負けない強い心を手に入れたい！　そのためにどんな訓練をすればいいの？」

バプジが教えてくれた方法は、とてもシンプルだった。静かでじゃまの入らない部屋に一人で座り（現代社会では、何よりもまずスマートフォンを持ち込まないこと！）、何か美しいもの（たとえば花）を目の前に持ってきて見つめる。本物の花がなければ、花の写真でもいい。そして一分以上、目の前の美しいものだけに意識を集中する。それから目を閉じ、さっきまで見ていた美しいものを、できるだけ長く思い浮かべる。

最初のうちは、目を閉じるのとほぼ同時に、美しいもののイメージも消えてしまうだろう。でも訓練を続けていれば、イメージが頭の中にとどまる時間が長くなる。それはつまり、雑念にじゃまされず、自分の精神をコントロールする力を手に入れたということだ。

そしてもっと成長したら、訓練の第二段階に進むことができるとバプジは教えてくれた。

また静かな部屋に座り、目を閉じて、今度は自分の呼吸だけに意識を集中する。ただ吐く息と吸う息のことだけを考え、それ以外のことは一切考えない。

この訓練を行えば、自分の反応をコントロールする力が身につき、怒りにまかせて衝動的な行動を取らなくなる。

その翌日から、私はバプジに教わった訓練を始めた――そして今でも続けている。この訓練は、私の知るかぎり、精神をコントロールするいちばんの方法だ。

最初の数カ月は、怒りを賢い行動につなげることが難しかったが、それでも最後にはできるようになった。この訓練は、一生続けなければならない。たった数カ月だけ訓練し、それでマスターして終わり、というわけにはいかない。

人生の状況は変わり、それにともなって怒りのきっかけも変わる。どんな変化球を投げられても冷静に受け止められるように、いつでも自分を鍛えていかなくてはならない。

怒りに、怒りで応えてはいけない

そもそもバプジ自身は、怒りの正しい使い方をどこで学んだのだろうか。私は本人に直接尋ねてみることにした。

「バプジ、一つ聞いてもいいですか?」

「もちろんだよ、アルン」

「バプジはどうやって怒りの正しい使い方を習ったの? 怒りが役に立つことや、怒りに力があることを最初に知ったのはいつ？」

バプジは糸車を回す手を止めると、声を上げて笑った。

「おまえのお祖母さんから教わったんだよ」

「そうなの？　どうやって？　いったい何があったの？」

「私はほんの子供のうちに結婚したから、妻をどう扱っていいのかまったくわかっていなかった。だから学校が終わると図書館へ行って、結婚生活についての本を読んで勉強したんだ。

ある日、おまえのお祖母さんと喧嘩になったとき、私が大声で怒鳴ると、お祖母さんは静かな声で冷静に答えた。それで私は何も言えなくなってしまった。

後になって、この出来事について考えてみた。たいていの人は、怒ると冷静に考えられなくなり、バカなことをしてしまう。でもおまえのお祖母さんは、そんな状況を丸く収める天才なんだ。

もしお祖母さんも怒鳴り返していたら、そのまま大喧嘩に発展してしまっただろう。そこからとんでもない結果になっていたかもしれない。そのことについて考えれば考えるほど、すべての人が怒りを正しく活用しなければならないと確信するようになったんだよ」

私の祖母は、私がインドに来る少し前に亡くなっていた。バプジと一緒に市民的不服従の罪で逮捕、投獄され、牢獄の中で息を引き取った。バプジはとても悲しみ、追悼《ついとう》の祈りを毎月行っていた。

バプジの話を聞いて、怒っている人に冷静に対応することの大切さを理解することができた。

たいていの人は、怒りには怒りで応えてしまう。怒鳴られたら怒鳴り返し、双方の怒りのレベルがどんどん高くなる。

しかし反対に、**自分を傷つける人、自分を怒らせる人に優しく対応すれば、状況を一変させることができるのだ。**

「仕返し」よりも「愛」が、人を変える

バプジの教えは、頭では理解できた。しかし、その教えを本当の意味で実感できたのは、それから何年もたってからのことだった。

その頃の私は二二歳で、南アフリカに帰国していた。ある日、親戚を訪ねるために再びインドに戻った。

インドでの用事を終え、帰ろうとした矢先、急性の虫垂炎《ちゅうすいえん》で緊急手術することになった。担当の看護師はスナンダ・アムベガオンカルという名前で、優しくてきれいな女性だった。

私は入院していた五日間で、すっかり彼女に夢中になっていた。二人ともとても内気だったので、ずいぶん時間をかけて、やっと映画デートにこぎ着けることができた。映画館には午後三時に到着し、彼女が来るのを待った。

しかし、どんなに待っても彼女はやって来なかった。そして六時少し前になって、やっと彼女が現れた。私がまだ待っているとは思っていなかったようだ。そのときは病院で緊急事態があったからだと説明していたけれど、本当はデートが怖くなったからだと、後になって告白してくれた。

最初のデートはぎくしゃくしていたが、やがて二人は深く愛し合うようになり、結婚した。スナンダが私と一緒に南アフリカに行くにはビザが必要だった。ビザは問題なく取れるだろうと考えていた。私は南アフリカ市民なのだから、配偶者を連れて帰国する権利はあるはずだ。

しかし、当時はアパルトヘイトが猛威を振るっていた時代で、インド人である妻は歓迎されなかった。それから一年以上もの間、私たちはあらゆる手を尽くして南アフリカ政府を説得しようとしたが、すべてが無駄に終わった。私の妻は、南アフリカへの入国を許されなかった。

私は選択を迫られた。このままインドに残り、妻と一緒にいるか。それとも私だけが南アフリカへ帰るのか。

これはあまりにも理不尽な状況で、私は猛烈に腹を立てていた。なぜ南アフリカ政府は、私たちをこんな目にあわせるのだろうか。結局私は、新婚の妻とインドに残ることを選んだ。苦渋の決断だった。

それから一〇年ほどたったある日、友人が私を訪ねてインドにやって来た。彼の船を迎えに行くと、船から下りてきた白人の男性が、私の腕をつかんで話しかけてきた。

「一週間ほどムンバイに滞在するので、街を見て回りたい」

最初に出会ったインド人が私だったので、案内を頼んできたのだ。彼はジャッキー・バッソンと名乗った。南アフリカの国会議員だという。

それを聞いて、私の中で昔の怒りが再び燃えあがってきた。南アフリカ政府は私を侮辱し、帰国させなかった。そんな国の議員を助けたくはない。むしろ海に突き落としてやりたかった。

でもそのころの私は、バプジの教えを守り、少しは怒りを賢く使えるようになっていた。復讐してやりたい気持ちをぐっと我慢すると、にこやかに彼と握手をして、自分がアパルトヘイトの犠牲者であることを丁寧な口調で伝えた。南アフリカ政府が妻のビザを発行してくれなかったので、国に帰れず、インドにとどまることになったと説明した。

「あなたの政府のやり方には賛成できません。それでも、あなたはこの街のお客様なので、快適な滞在になるようにできるかぎりのことはしたいと思います」と私は言った。

それからの数日間は、妻と一緒にバッソン夫妻を丁重にもてなした。ムンバイの観光名所を案内しながら、アパルトヘイトが原因で家族が離ればなれに暮らすことになったいきさつを説明した。

そして最後の日、別れを告げると、議員夫妻は涙を流した。

「あなたたちのおかげで、偏見の醜《みにく》さに気づくことができました」。バッソン議員はそう言うと、私を抱きしめた。「私が支持してきた政府は、間違ったことをしている。国に戻ったら、私たちはアパルトヘイトと戦います」

帰国の船に乗る彼らを見送りながら、私は内心、半信半疑だった。たった数日間私たちと過ごしただけで、彼の心は本当に変わったのだろうか。「どうなるか、これからが見ものだね」と、私は妻に言った。

だが、結果がわかるまでにそれほど時間はかからなかった。バッソンは帰国すると、すぐに反アパルトヘイトの運動を始めたのだ。

そのために所属する政権与党から除名され、次の選挙では落選してしまった。しかし、それでもバッソンは主張を曲げなかった。周りの人たちも彼の熱意に触発され、反アパルトヘイトの活動に加わるようになった。

バッソンの大きな変化は、怒りを賢く使うというバプジの教えが正しいことを見事に証明している。

もしあのとき、怒りにまかせてバッソンに悪態をついていたら（または、海に突き落としていたら）、そのときはいい気分になれただろう。私たち家族を苦しめた南アフリカ政府に、一矢報いてやったのだ！　と。

バッソンは不愉快な思いで帰国し、人種差別は間違っていないという確信をさらに深め、黒人やインド人をますます遠ざけるようになっていただろう。

「不満」や「攻撃」では、人も世の中も変わらない

怒りを賢く使うと、個人の人生だけでなく、世界全体もよくすることができる。

バプジがそれに気づいたのは、政治活動を始めてすぐのころだった。

一九一三年、まだ南アフリカで暮らしていたバプジは、差別と偏見に反対する運動を起こした。バプジは、政府に対して平和的な対話を呼びかけた。攻撃的な言葉も、相手を責めるような言葉も一切使わなかった。

政府に呼びかけを無視されると、今度は民衆に向かって、平和的な抗議運動に参加するように呼びかけた。

ちょうどそのころ、南アフリカの鉄道労働者が、労働条件の改善を求めてストライキを起こすと宣言した。ストで列車が動かなくなると、バプジの運動にも大きな影響が出る。そこでバプジは、ストが終わるまで運動を延期することにした。

「あなたも私たちの運動に加わるべきだ」と、あるストのリーダーはバプジに言った。「協力して戦おう。ストライキは合法で、非暴力的な抗議手段だ。それに私たちは、同じ敵を相手にしているはずだ」

バプジはそれに答えてこう言った。

「私は誰のことも敵だとは思っていない。彼らは私の友人だ。私が目指しているのは、彼らに正しいことを教え、彼らの心を変えることだ」

鉄道労働者は、計画通りにストライキを実施した。そして街へくり出すと、政府を攻撃するスローガンを叫びながら行進した。

彼らは大きな不満と怒りを抱えていたので、ちょっとしたきっかけですぐに暴力的になり、結果的にストライキを厳しく取り締まる口実を警察に与えることになってしまった。ストはわずか四日で終結し、労働者は何も手に入れることができなかった。


そのすぐ後で、今度はバプジが反差別の運動を始めた。こちらは対照的に、静かで怒りのない運動だった。警察からさまざまな嫌がらせを受けたが、それでもバプジは、政府も警察も敵視することはなかった。

バプジが目指していたのは、すべての人が共感できる運動だ。警察を侮辱して敵対するのではなく、むしろ警察も味方につける。

警察が逮捕しにやってきても、バプジも他の参加者もおとなしく従った。何も抵抗せずに、自ら警察のバンに乗り込んだ。そして新しく参加した人たちもまた、警察がやってくるとおとなしく従った。

そして二週間後、留置所がついに満員になり、もう誰も入れられなくなった。

当時の首相のヤン・C・スマッツ将軍は、運動のリーダーであるガンジーを官邸に招いて話し合うことにした。スマッツ将軍はバプジを前にすると、正直にこう告白した。

「あなたの運動にどう対処したらいいかわからず、途方に暮れている。あなたがたはいつでも相手に敬意を払い、思いやりにあふれている。だから、暴力で抑圧するのはためらわれる。攻撃的なストライキをつぶすほうがよっぽど簡単だ」

怒りが充満するなかで、冷静な態度を保ち、相手への敬意を忘れないのは簡単なことではない。それでも実際にやってみれば、効果を実感でき、これが正しい方法なのだと確信できるはずだ。

これは、なにも大きな運動でなくてもかまわない。近しい人たちへの対応でも実践できる。**自分が怒りを賢く使えるようになれば、周りの人たちも変わる。**怒りをぶつけられて嬉しい人などいない。私たちの誰もが、理解されること、尊重されることを望んでいる。

「正しさの証明」に怒りを使ってはいけない

怒りの感情は、たしかに正しい行動を起こす起爆剤になる。ただし、そのときに気をつけなければならないのは、**自分の正しさを証明することを目的にしない**ということだ。目的はあくまでも、解決策を見つけることでなければならない。

バプジと並んで糸車を回したあの日、バプジは私を抱きしめるとこう言った。

「怒りを賢く使いなさい。怒りを活用して、愛と真実から生まれた解決策を見つけなさい」

私はバプジの深い愛を感じた。そしてその瞬間から、愛と優しさは、怒りよりも強いということを理解した。

この先の人生で、社会の不正や偏見にぶつかることは何度もあるだろう。でも私は、もう石をぶつけようとは思わない。私たちは、賢く怒りを使い、他の解決策を見つけることができるのだから。

怒りを賢く使いなさい。
怒りを活用して、
愛と真実から生まれた解決策を
見つけなさい。

レッスン2

意見することを恐れない

ババジはアシュラムで暮らすすべての人に、自分の頭で考えることを求めていた。誰かを喜ばせるために、自分の考えを押し殺してはいけない。だからババジ自身も、支援者たちからの反論をむしろ歓迎していた。

正しいと確信したうえでの「ノー」は、相手におもねるだけの「イエス」や、問題を避けるためだけの「イエス」よりもずっといい。

そう、ババジはよく私たちに話していた。

そうはいっても、偉大なガンジーに反論するのは簡単なことではない。バプジは清く正しく、賢い人だと思われていて、誰もがバプジから学ぶためにアシュラムに集まっていたからだ。

そんな空気を打ち破ったのは、妹のエラだった。まだ六歳だったエラが、自分の意見をはっきり言うことの大切さを、私たち全員に教えてくれたのだ。

自分の意見は、積極的に口に出しなさい

セヴァグラムに到着して最初の数週間は、両親とエラもアシュラムに滞在していた。私たち家族は、南アフリカではフェニックス・アシュラムと呼ばれる場所で暮らしていた。ここもまた、バプジが始めたアシュラムだ。

フェニックス・アシュラムはバプジが初めて共同生活の実験を行った場所で、最初のうちは家族や親戚しか住んでいなかった。しかし、間もなくして友人たちが加わり、さらに自然と一体になったアシュラムでの共同生活に興味を持った人たちも加わるように

なった。ここでの暮らしはとても簡素だった。

ところがセヴァグラムに来てみると、フェニックスがとても贅沢な場所に思えてくる。フェニックスの家は木材とトタンでできていて、便利な家具もあった。一方、セヴァグラムの家はすべて土でできていて、みんな床に座っている。

なかでもいちばん大きな違いは食べ物だった。どちらのアシュラムでも、食べるものはすべて自分たちで育てていた。フェニックスでは、母がたくさんのスパイスを使って、いろいろな種類のおいしい料理を作ってくれた。

でもセヴァグラムでの食事は、簡単に言ってしまえば「悲惨《ひさん》」の一言だった。食事は毎日、ただの茹《ゆ》でたカボチャだった。塩味さえついていない。朝も、昼も、夜も、おいしくもない茹でたカボチャだけ。これでは食事の楽しみがまったくない。

エラと私は、両親に文句を言った。両親はそんな私たちをたしなめた。ここは私たちの家ではないのだから、バプジの決まりに従わなければなりません、と。

そこでエラと私は、今度は料理をする人たちと話してみることにした。しかし、そこでも答えは同じだった。「私たちはガンジーの決めたことを守っているだけだよ」と。

アシュラムにいる誰もが、バプジが食事の内容を決めていると思い込んでいるようだった。ガンジーが決めたのだから、きっと何かもっともな理由があるに違いない。カボチャ以外のものも食べたいと思っているのは、エラと私だけではなかったが、誰もが遠慮して何も言わなかった。食べ物に文句を言うなんて、よくないことだと考えていたのだ。

しかし、小さなエラにはそんな遠慮はまったくなかった。カボチャばかりの食事が一週間も続くと、もう我慢も限界になったようだ。

六歳の子供なりの正義感に燃えたエラは、バプジが暮らす小屋に堂々と乗り込むと、「ここの名前をコラ・アシュラムに変えるべきよ！」と宣言した。「コラ」とはインドの言葉でカボチャの意味だ。

バプジはエラの剣幕に驚き、書き物から目を上げた。

「それはどういう意味かね？」

「だってここへ来てから、カボチャしか食べていないもの。朝も、昼も、夜も、いつもカボチャばっかり。もうカボチャはうんざりなの」

「そうだったのか？」とバプジは尋ねた。本当に知らなかったようだ。

「それでは、ちょっと確認してみよう。もしおまえの言う通りだったら、たしかにアシュラムの名前を変えないといけないね」

バプジ自身は、生きるために最低限の食事しかとっていなかった。それに平和的な抗議の手段として、断食を行うこともよくあった。しかしだからといって、他の人にも自分と同じような食生活を求めていたわけではない。バプジはとても忙しいので、みんなと一緒に食事をすることがほとんどなかった。だから、私たちが何を食べているのか知らなかったのだ。

アシュラムでは、夜のお祈りの後に、バプジの話を聞くことになっている。しかしその日は、バプジは話をせず、代わりにアシュラムの管理人を呼び、なぜ毎日カボチャばかり食べているのか尋ねた。

管理人のムンナ・ラルは、「自分で育てたものだけを食べる」というガンジーの教えを守っているからだと自信満々で答えた。

「つまり、うちの農場ではカボチャしかとれないということなのかね?」とバプジは尋ねた。

「あなたは、食事は簡素でなければならないとおっしゃいました。だから私は、これがあなたの望みなのだろうと考えたのです」

「簡素な食事とは、毎日同じ食事という意味ではありませんよ」

パブジがそう言うと、管理人は恥ずかしそうに下を向いた。

「実は、畑一面にカボチャを植えてしまったのです。カボチャがとれすぎて、どうすればいいのかわかりませんでした。だからずっとカボチャばかり出していたのです」

「それは計画性に問題があったようだね。畑ではさまざまな種類の果物や野菜を育てなければならない。それらを使って、簡素な食事を作るのだよ」

パブジは、そう彼に伝えた。ただしバブジは、人に注意を与えるときは、必ず解決策も提示する。「とりあえずカボチャはたくさんあるようだから、近くの村へ持っていき、他の作物と交換してくるといいだろう」

エラはその日、みんなのヒーローになった。もちろん、食事の改善に貢献したからだが、それだけではない。バプジはエラの行動をほめ、エラのように自分の意見を言うのは大切なことだとみんなに話した。

何かが間違っていると思っても、それを口に出さずにいたら、世界を変えることはできない。

正しいと確信したうえでの「ノー」は、
相手におもねるだけの「イエス」や、
問題を避けるためだけの
「イエス」よりもずっといい。

「自分の頭で考えられる人」は強い人

エラと両親がいなくなると、私はすぐにアシュラムでの生活になじんだ。毎朝四時半に起きて、五時からはバプジの指導でお祈りが始まる。それが終わると、バプジがその日の大切な教えを集まった人たちに伝える。

そこでは哲学的な話ばかりではなく、日常のこまごまとした注意事項を話すこともあった。あの偉大なガンジーが、正しい畑の水やり方法について真面目に語っていると知ったら、世界の人々はきっとびっくりするだろう。しかし、当のバプジは、どんな問題も平等に扱い、決して偉ぶったりはしなかった。

それが終わると運動の時間が一時間あり、その時間でヨガも行う。それから自分に割り当てられた家事や雑事をする。アシュラムでは、全員が協力して仕事をしていた。もちろんトイレ掃除も、アシュラムの住人の仕事だ。

当時のインドでは、いちばん低いカーストの人だけが、トイレ掃除のような「卑《いや》しい」仕事をしていた。しかしバプジは、世界から偏見をなくす第一歩がカーストの壁を壊すことだと信じ、どんなに汚い仕事も全員が持ち回りで担当していた。

私がいちばんイヤだったのは、バケツにたまった糞尿を、畑の肥料にするために運び出す仕事だ。あまりの臭さに鼻が曲がりそうになる。最初のうちは、自分はガンジーの孫なのだから、特別扱いしてもらえるのではないかと期待していた。しかし、それは虚《むな》しい願いだった。アシュラムでは、全員が協力して働かなくてはならない。

それにしばらくやってみると、そんなに悪い仕事でもないと思えてきた。すべての人が平等だというバプジの教えを守っていると、仕事に対する態度も変わってくるようだ。

仕事が終わると、やっと朝食だ。朝食が終わると、今度は先生に勉強を教えてもらう。屋根のない広場を教室にしていたので、私はいつも炎天下で授業を受けていた。

気温は四五度を超えることもあったが、屋内で授業をするという選択肢はない。なぜなら、変わり者の先生が、絶対に屋外で授業をするという誓いを立てていたからだ。頭にタオルをかぶるのは許してもらえることもあったけれど、いつも暑さでふらふらになっていた。

アシュラムの人たちは、この先生のように、何かの誓いを立てることがよくある。自分で決めた誓いをきちんと守ることで、精神や忍耐力を鍛えることが目的だ。それでも私にしてみれば、先生がもう少しいいかげんな人で、屋外で授業をするという誓いを破ってくれたほうがよっぽどありがたかった。

　誓いを立てて守るという修行は、ヒンドゥー教では昔から行われていた。たとえば、以前に母方の祖母を訪ねたときは、おばの一人が「一日に二食しか食べない」という誓いを立てていた。

　みんなでピクニックに行ったとき、そのおばさんは何も食べず、代わりにずっとアメをなめていた。

　エラと私はそれに気づくと、「アメは食事に入らないの?」と尋ねてみた。おばさんの答えは、「夕飯までの間、朝ごはんを長引かせているのよ!」だった。

　ところがアシュラムの先生は、このおばさんと違って、自分の誓いを厳格に守っていた。ずるやごまかしは一切なし。そのため、勉強中はずっと外にいて、部屋に入れるのは一時間半の昼休みの間だけだった。

　外は暑いだけでなく、とても乾燥していて埃っぽい。そして雨が降ると、あたりは一転して泥沼のようになる。夏の暑さが終わると、今度は冬の寒さがやってきて、気温は氷点下まで急降下した。

　しかも、この先生の風変わりなところは、それだけではなかった。

以前、アシュラムの他の住人と口論になって相手を怒鳴りつけ、とうとうバプジに間に入ってもらうことになったそうだ。そのときバプジは、ひどいことを言ってはいけないと先生を諭《さと》した。すぐに怒鳴ったりせず、怒りをコントロールする方法を身につけなければいけない、と。

「そのためにはどうすればいいですか？」と先生は尋ねた。

「あなたは頭のいい人だ。だから自分で考えることができるでしょう」とバプジは答えた。

先生の選んだ行動は、バプジをはじめ、アシュラムの全員をびっくりさせた。なんと、細い針金を使って、自分の唇を縫《ぬ》い合わせてしまったのだ。そして紙とペンを取ると、怒りをコントロールできると確信できるまで、ずっと口を縫ったままでいると書いてみんなに伝えた。

そう確信できるまで、かなり時間がかかったようだ。それから何カ月もの間、先生の食事は液体だけで、じょうごを使って口の端から流し込んでいたらしい。私が初めて会ったときも、唇の縫い跡がまだ生々しく残っていた。

つまりこの先生は、少しくらい暑いからといって、部屋の中に逃げ込むような人間ではないということだ。

ババジは、この先生のような変わり者を喜んで受け入れていた。それぞれの考えを尊重していたからだ。反対に、自分の頭で考えない人や、自分の意見を持たない人にはとても厳しい。

そんなババジのことだから、現代のソーシャルメディア文化を見たらきっとがっかりするだろう。誰もが深く考えることなく、人気のある物事に群がり、「いいね！」や「フォロー」をしている。

ある有名人が自分のダイエット法を公開すれば、みんなが一斉にその方法に飛びつく。たとえばカボチャだけを食べるカボチャ・ダイエットのような、少し考えれば意味がないことがすぐにわかりそうな方法でも、大流行になったりする。

または、政治家がとんでもない暴言を吐いても、その政治家の所属政党を支持しているという理由だけで、暴言を擁護《ようご》することもある。宗教の指導者が女性を差別する発言をしても、それが伝統だからという理由で、あっさり受け入れることもある。

最近の政治家の多くは、まず世論調査の結果を見てから、自分の意見を決めている。何か発言をするのは、それが自分の利益になると確信できるときだけだ。自分と違う意見に耳を傾けることはめったにない。それで意見を変えると、メディアから「言うことがコロコロ変わる」と批判されることを恐れているからだ。

バプジは政党政治には興味がなく、自分はいつも正しいとも思っていなかった。むしろ、毎日新しいアイデアを試し、自分が当たり前だと思っている意見でも、つねに疑うようにしていた。自己満足に陥らないように気をつけていたのだ。

ある教えを信じているからといって、あまりにも杓子定規《しゃくしじょうぎ》に従っていると、むしろその教えの価値を落としてしまうことになるだろう。その教えの本当の目的も達成できなくなる。

きっとバプジなら、自分の頭で考えない人や、間違っているものに対して声を上げない人がいたら、何か言いたいことがあるはずだ。

六歳のエラでさえ、堂々と自分の意見を主張することができたのだ。私たちもエラを見習わなければならない。

自分の頭で考えない人は、他人の考えに簡単に流されてしまう。

他人が決めた善悪の定義をそのまま受け入れ、自分には何が大切なのかということを考えない人は、味のない茹でカボチャを毎日食べるはめになるだろう。

自分にとっていちばん大切なことを見つけ、たとえ世の中の流れに逆らってでも、その大切なことを守るために立ち上がることのできる人が、本当の意味で強い人だ。

「自分らしく生きる」ということ

ガンジーの孫である私は、非暴力と他者への理解という祖父の教えを、生涯を通じて守ろうとしてきた。

かつては、祖父とまったく同じ道を進まなければならないと考えたこともある。しかしそのとき、バプジがエラをとてもほめていたことを思い出した。バプジは私に対しても、自分の意見を持つことを望んでいるはずだ。バプジが信じる哲学は、柔軟で、状況に応じて改良を加えてもかまわない。

私とバプジは同じ人間ではない――それは、私を一目見れば誰でもわかることだ。「おまえはずいぶん太っているんだな。お祖父さんはあんなに小さくて痩せていたのに」インドから戻った私は、友達によくこうやってからかわれた。

思春期の子供は心が不安定で、自分に自信が持てない。私もよく、自分を偉大なガンジーと比べ、すっかり意気消沈していた。

私は母親に、「バプジが立派すぎてつらい」と打ち明けたことがある。

「バプジの存在を重荷に感じているなら、これからどんどん重くなるばかりよ」と母は答えた。「でも、バプジをお手本にして真実への道を進むと考えれば、もう重荷とは感じなくなるでしょう」

それからは、もう祖父のことで嫌味を言われても気にしなくなった。祖父を尊敬し、祖父が信じた道を進みながら、それと同時に私らしさを大切にすることもできる。

たとえば、バプジは菜食主義だったが、私は違う。挑戦したことはあったけれど、自分には合わないと判断したのだ。

レストランで食事をしていると、肉を食べている私を見て、「尻尾をつかんだぞ！」とばかりに、わざわざ指摘してくる人もいる。「ガンジーの教えを広める活動をしているのに、その皿の上にあるハンバーガーは何だ！」というわけだ。

そんな人たちには、こう説明する。バプジが人々に望んでいたのは、自分とまったく同じように生きることではない。私たちが自分の頭で考え、疑問を持ち、**「自分の生き方」を見つけること**を望んでいた。だから私のしていることは、祖父への裏切りではない。むしろ祖父の哲学を、身をもって実践しているのだ、と。

ただ他人を喜ばせるためだけに、自分の生き方を決めるのは間違っている。それを私は、バプジから教わった。周りに合わせているだけでは、変化を起こすことも、世界をよりよい場所にすることもできない。

大企業で働く人の多くは、毎晩遅くまで会社にいて仕事をしている。それが自分の役割だと思っているからだ。

しかし、それは本当に会社への貢献になっているのだろうか？

自分自身や家族のための時間を大切にしながら、会社での役割もきちんと果たす方法もあるのではないだろうか？

人はよく、みんながそうしているからという理由で、自分が幸せになれない道を選んでしまうことがある。そうならないように注意しなければならない。

多くの人が物質的な豊かさを追い求めるのも、広告やテレビ、映画、ソーシャルメディアの影響を受けて、それが正しいと思い込んでいるからだ。

私たちも心の奥底では、豪邸や高級車を手に入れても、本当の意味で幸せになれないことはわかっている。それでも周りの目が気になって、毅然《きぜん》とした態度で「私は他のものを求めている」と宣言することができないのだ。

大声をあげないほうが、人の心を動かすこともある

バプジは、極限まで簡素な暮らしをしていた。とはいえ、若いころのバプジはそうではなかった。ロンドンで法律を学んでいたころのバプジは、ボンド・ストリートでオーダーメイドの高級スーツを作り、ダンスやバイオリンまで習っていた。すべては、立派なイギリス紳士として周りに認められるためだ。

南アフリカで弁護士の仕事を始めると、ある訴訟のために、夜行列車でプレトリアに行く用事ができた。バプジは一等車の切符を買い、乗り込んだ。すると、一等車に乗っていた大柄な白人の男性が、バプジを追い出そうとした。

「クーリーは外に出ろ」と、その男性は言った。「クーリー」とは、当時使われていたインド人に対する差別用語だ。

「一等車の切符は持っています」とバプジは答えた。

「そんなことはどうでもいい。降りないなら警察を呼ぶぞ」

「呼びたければどうぞ」

バプジはそう答えると、そのまま静かにそこに座り、非白人用の三等車には絶対に移

ろうとしなかった。

すると、その男性は外に出て、警官と駅員を連れて戻ってきた。そして三人がかりで、バプジの身体を持ち上げ、文字通り外に放り出したのだ。彼らは意地悪な笑みを浮かべると、バプジの荷物も放り出して発車の合図を出した。

それからバプジは、寒いプラットホームで一夜を明かした。寒さに震えながら、自分がどうしたいのか考えていた。

バプジは後に、こんなことを書いている。

「私にはいつも謎だった。なぜ人間は、同じ人間を貶めることで、自分が偉くなったような気分になるのだろう」

あのプラットホームで明かした長い夜が、おそらくバプジにとって、「自分の信じることを主張しなければならない」と気づくきっかけになったのだろう。

駅での出来事からわずか数日後、バプジは人種差別に反対する運動を始めた。南アフリカに暮らすインド人が不当な扱いを受けていることを訴え、政府の人種隔離政策に反対の声をあげたのだ。

数年後に南アフリカに帰国したバプジは、すでに反アパルトヘイトの運動家として有名になっていた。

バプジを乗せた船が南アフリカの港に着いたとき、インド人労働者をたくさん乗せた二艘《そう》の船も一緒に入港した。

政府の役人はそれを見て、問題が起こりそうだと判断した。南アフリカの白人は移民の入国に反対で、すべての人の権利のために運動するバプジを厄介者扱いしていたからだ。

バプジもインド人労働者も、それから二週間の間ずっと船の中に閉じ込められ、上陸を許されなかった。

バプジがやっと船を下りると、今度は群衆がバプジに襲いかかり、頭から血が流れるまで殴り続けた。ここで殺されていてもおかしくなかったが、バプジはなんとか抜け出して、妻と息子たち（私の父もその一人だ）が待つ友人の家にたどり着いた。

不正に異議を唱えて立ち上がることには、危険も伴う。バプジもそれは十分にわかっていたが、運動をやめようとはまったく思わなかった。大きな目標を達成することを思えば、殴られる痛みくらい何でもない。

この出来事には、ちょっとおもしろい後日談がある。

ババプジを襲った群衆のうち、襲撃を主導した何人かはその後警察に逮捕された。警察はバプジに連絡し、襲撃犯を起訴するために被害届を出してほしいと伝えてきた。しかし、バプジは断った。

警察署長は驚いた。

「それなら彼らを釈放することになりますよ」

「それでかまいません」

そう、バプジは答えた。

彼らを牢屋に入れることに協力したら、憎しみを広めるという意味で、彼らと同罪になってしまう――それが、バプジの考えだった。暴力に頼らず、復讐も求めないバプジの態度を見れば、襲撃犯も考えを変えるかもしれない。

ときには、大声をあげないほうが、自分の主張が人々に届くこともある。

なぜ人間は、
同じ人間を貶めることで、
自分が偉くなったような
気分になるのだろう。

「言葉」だけが主張の手段ではない

バプジはインドに戻ると、西洋式のシャツとズボンという服装をやめて、ただ綿の布をまとうだけになった。自分には、インドでもっとも貧しい人たちよりも、たくさんのものを持つ権利はないと信じていたからだ。

バプジはなにも、貧しさを美化していたわけではない。それにお金の価値もよくわかっていた。バプジもできるかぎりお金を集め、旅先で貧しい人たちに配っていた。ただ、生活をよくするために必要なお金と、贅沢をするためだけのお金の違いを、よくわかっていただけだ。

私の両親もバプジの教えに従って生きていた。私が小さいころ、フェニックス・アシュラムの近所に、とても貧しい黒人の農民が暮らしていた。私はそこの子供と仲良くするように両親から言われていた。両親にとって、これは貧富の差による差別に反対する一つの方法であり、私の視野を広くするという目的もあった。

その子供たちは、おもちゃをまったく持っていなかった。それでもみんなでマッチ箱やボタンを集め、接着剤でくっつけてミニカーを作ったりしていた。それに近くの川で取れる泥は、粘土遊びに使うことができる。モノづくりは楽しく、私たちは手作りのおもちゃを大切にしていた。現代の子供たちは、いつでも新しいおもちゃを買ってもらえるが、一日か二日ですぐに飽きてしまうこともある。

私の両親は、遊びの時間も建設的に使うべきだと考えていた。そのため私は、学校へ行くようになると、今度は彼らに学校で習ったことを教えるようになった。アルファベットや、数の数え方だ。文字が読めるようになると、すぐに彼らにも読み方を教えた。農民の子供たちにとって、私の存在は、まったく新しい世界に続く扉のようだったのかもしれない。私が学校から帰るのが、いつも待ちきれなかったようだ。

豊かな国の子供たちは、学校なんて退屈でうんざりする場所だと思っているかもしれない。しかし世界には、学校へも通えないような貧しい子供がたくさんいる。彼らにとって、勉強ができるのは奇跡のようなものだ。

次第に噂が広まり、たくさんのアフリカ人の親たちが、子供に勉強を教えてほしいと私のところにやって来るようになった。中には裸足《はだし》の子供を連れて、一五キロ以上も歩いてきた人もいる。

字の読み方や計算といった基本的なことを習いたいという子供があまりにも増えたので、まず姉が応援に加わり、ついに両親も先生役を引き受けてくれるようになった。こうして、貧しい子供たちのための学校が誕生した。

学ぶ意欲があり、勉強で人生を変えたいと思っていても、学ぶ機会がないなんてあまりにも不公平だ。

やがてその学校は、体制への反対運動のようになった。自然と、「あなたがこの世で見たいと思う変化に、まずはあなた自身がなりなさい」というバプジの教えを実行していたのだ。**ときには言葉ではなく、行動で自分の意見を主張することもできるのだ。**

「憐《あわれ》み」より「思いやり」の行動を

私の母も、自分なりのやり方で社会の格差に異を唱えていた。それは、とても思慮深いやり方だった。

私の両親はバプジにならい、必要最低限のものだけで暮らしていた。それでも身近な黒人に比べると、とても快適な暮らしだった。

わが家は牛を飼っていて、家族では飲みきれないほどの牛乳を搾《しぼ》ることができた。そこで母は、余った牛乳を貧しい人たちに売ることにした。値段は一パイント（約〇・五リットル）あたり一ペニーだ。牛乳以外にも、畑でとれた野菜や、街に住む友達から集めた服も一ペニーで売っていた。

小さいころは気づかなかったが、一ペニーというのは法外に安い値段だ。私も成長し、一ペニーの価値がわかるようになると、それならわざわざお金を取る必要はないのではないかと母に尋ねたことがある。

「お金を払ってもらうのは、彼らの尊厳を認めているからなのよ」と母は答えた。「自分は家族のために、きちんとお金を出して食べ物や服を買ったのだという思いが、彼らの自信につながるの」

私の母は、思いやりの心で行動していた。決して彼らを憐れんでいたのではない。貧しい人々が自信と自尊心を取り戻し、人生で何かを達成できることを願っていたのだ。**思いやりの心から生まれた行動は、憐れみから生まれた行動よりも大きな意味を持つ。**

それに思いやりの心には、違う種類の人々を結びつけるという力もある。私の母は、貧しい人たちの尊厳を守るために立ち上がった。ちょうどバプジと同じように。

「変化」よりも先に訪れる「混乱」を恐れるな

自分の意見を主張するように教えていたバプジも、一つだけ条件をつけていた。それは、つねに自分が正しい、他人の意見から学ぶ必要はないと思ってはいけないということだ。アシュラムでの暮らしでも、人々の心から偏見や差別をなくし、違いを理解して受け入れる広い心を育てることを目指していた。

また、不正に異を唱え、社会をいい方向に変えたいのなら、自分の経験から語り、不正を自分事として感じなければならないともバプジは信じていた。

ただし、正しいと信じることを主張すると、自分の立場が危《あぶ》なくなることもある。

大人になってインドに戻っていた私は、偏見について調べてみることにした。なぜ私たち人間は、お互いを分断するという愚かな行為をしてしまうのか興味があったからだ。

ある日、アメリカのミシシッピから来たという女性が、ムンバイにある私の事務所を訪ねてきた。彼女はインドを旅行しているところだった。私たちは、アメリカの人種問題について話した。

そのころ私は、南アフリカ、インド、アメリカの人種差別について、比較研究をしてみたいと考えていた。

たとえば南アフリカでは、白人でない人はすべて黒人であり、異質な存在だと考えられていた。ミシシッピから来た女性によると、当時のアメリカでは、白人のアメリカ人が主流であり、アフリカ系や奴隷の子孫は差別されていた。そしてインドでは、肌の色ではなく、属するカーストによって人々を区別していた。カーストの最上位はブラーミンと呼ばれる聖職者で、最下位は不可触民《ふかしょくみん》だ。

私はアメリカのミシシッピ大学の招待を受け、この文化による偏見の違いを、さらに研究することになった。妻と二人でアメリカに渡ると、ガンジーの孫がアメリカにいるという噂が広まり、多くの人がバプジの話を聞きに私を訪ねてきた。

アメリカに移り住んで一年ほどたった一九八八年、ニューオーリンズ大学に招かれて講演を行うことになった。大学は、「ガンジーの孫が人種差別について語る」という講演を大々的に宣伝し、あちこちにポスターを貼りだした。その年は、白人至上主義団体クー・クラックス・クラン（ＫＫＫ）のメンバーであるデービッド・デュークが、ルイジアナ州の下院議員に立候補した年でもあった。

私たちの乗った飛行機がニューオーリンズに到着すると、四人の警察官が機内に入ってきて、「ミスター・ガンジー、前に出てください」と言った。

私はおっかなびっくり立ち上がった。自分は何か悪いことをしたのだろうか？　警察官は誰も事情を説明してくれなかった。そのうちの一人が、「これはあなたの安全のためです」と言っただけだった。

前に二人、後ろに二人の警察官に挟まれて飛行機を降りると、迎えにきていた大学の車に乗り込んだ。その車内で、初めて詳しいことを教えてもらえた。大学にＫＫＫから脅迫電話が何度かあり、私を暗殺するという内容の電話もあったという。

それでも私たちは、講演を予定通り行うことにした。客席の一列目はすべて空席にして、聴衆との距離を十分に空けながら。

講演が終わると、すぐに空港に戻り、再び四人の警察官に警護されながら待機した。やっと飛行機に乗るときも、他の乗客がすべて乗ってから最後に機内に入り、航空会社が私のために用意してくれた特別な席に座った。四人の警察官は、私に向かって短く敬礼してから去っていった。

その日、私が学んだのは、**自分の考えを主張すると、望んだ変化が起こるよりも前に、**

まず混乱や恐怖、争いを生むということだ。ときには、ただ下を向いて黙っているほうが、ずっと簡単なこともある。周りに合わせて、味のない茹でたカボチャを黙って食べていたほうが、安全で、面倒なことも起こらない。

しかし、私の祖父は絶対にその道を選ばなかった。バプジは長年にわたって、何度も殴られ、襲われ、投獄された。殺されそうになったことも八回ある。

暗殺未遂の犯人が周りの人に捕まったときには、バプジは犯人を警察に引き渡そうとしなかった。ただ彼とじっくり話し、自分を殺そうと思った理由を知ろうとした。

一時間ほど話しても、暗殺犯の心は変わらなかった。バプジはそれを受け入れると、彼を解放してこう言った。

「あなたの幸運を祈っています。もし私があなたの手で殺される運命なら、誰も私の命を救うことはできない。もしそうでないのなら、あなたの暗殺は成功しないでしょう」

バプジは敵に正面から立ち向かい、信じることのために投獄されるのもいとわなかった。バプジにここまでの強さがあったのは、社会の不正を前にすると黙っていられなかったからだ。そして非暴力という手段を用いて、社会を変えることを目指した。

私の祖父は、食事も少なく、泥でできた小屋に住み、貧しい人と同じ服を着ていた。

世界中から賞賛と尊敬を集めていたのだから、大邸宅に住み、たくさんの召使いに囲まれた生活を送ることもできたかもしれない。

しかしバプジは、本当に大切なものがわかっていた。バプジは情熱と思いやりの人生を送った。普遍的な善のために行動し、愛と平和を唱えた。バプジにとっては、宮殿での大宴会よりも、正義のために立ち上がるほうが、ずっと幸せなことだった。

考えようによっては、KKKのデービッド・デュークも、自分の信念のために立ち上がったと言えるかもしれない。人種差別的な発言も、憎しみを広めるような発言も、すべて自分の考えを表現しただけだ、と。アメリカの法律では、表現の自由はすべての人に与えられた権利だ。

とはいえ、どんな意見にも同じ価値があると考えるのは、やはり間違っているだろう。**憎しみと差別に凝り固まった人、他者の価値観を絶対に認めない人は、世界に苦痛と絶望をもたらすだけだ。**私たちは、そのような憎悪の思想に抵抗しなければならない。

言葉を選び抜き、発しなさい

私の祖父は、若いころは内気な青年だった。人権活動を始めたばかりのころは、人前で話すことができなかった。

それでも本人に言わせると、内気な性格のおかげで助かったこともあるという。よく考えてから話すことができたからだ。「**口数の少ない人は、考えなしの発言をしないものだ。すべての言葉が、考え抜かれている**」と、バプジは私に話してくれた。

あなたにも、私の祖父と同じように、よく考えてから口を開くようにしてもらいたい。自分の言葉は、誰かの助けになるのか、それとも誰かを傷つけることになるのか。そのうえで、世界をいい場所にする言葉だと確信できたのなら、その言葉を大きな声で発言しよう。

口数の少ない人は、
考えなしの発言をしないものだ。
すべての言葉が、
考え抜かれている。

レッスン3

「一人の時間」を宝物にする

バプジはどこかへ出かけるたびに、いつも熱狂的な大群衆に囲まれていた。その熱狂のすごさを実感したのは、初めてバプジの旅に同行し、列車でムンバイに行ったときのことだった。

バプジの旅の仲間に加わることができて、私は大興奮だった。自分が特別な存在になったように感じていた。

バプジは三等車に乗ると主張したが、鉄道会社が私たちのためだけの車両を用意していた。設備は三等車と同じで、クッションはなく、みな固い床に座っていた。それでも私たちだけで一車両を独占することができた。

列車が最初の停車駅に近づき、窓から顔を出して外を見ると、プラットホームには山のような人だかりができていた。みな口々にバプジの名前を叫び、少しでもバプジの体に触れようと手を伸ばしている。やがて、誰からともなく、「ガンジーよ、永遠なれ」の大合唱が始まった。

私は誇らしい気持ちでいっぱいになった。あんなにたくさんの人が、自分のお祖父さんを熱狂的に迎えている。そして自分は、今その人の隣に座っているんだ！　私はすっかり興奮していた。

しかし、ふとバプジのほうを見ると、この熱狂を何とも思っていないような顔をしている。ただ彼らに向かって手を振り、言葉をかけ、そして布の袋を窓の外に出してお金を集めていた。貧しい人たちのためのお金だ。

次の駅に着くと、前の駅よりもさらに多くの群衆に迎えられ、同じことがくり返された。もう時間は真夜中になっていたが、次の駅でも、その次の駅でも、熱狂した群衆がバプジを待っていた。

目的地に到着するまで、すべての駅で同じことがくり返された。どのプラットホームも大混雑で、列車に乗り降りする人たちも、ほとんど身動きが取れない。バプジは列車が駅に着くたびに、窓から手を振り、群衆に話しかけ、袋を出してお金を集めていた。

そのようすを見ていて、私はすぐに理解した。たしかに賞賛されるのは気分がいいが、同時にとても疲れることでもある。バプジだけでなく、列車に乗っていたすべての人も、まったく休まるひまがなかった。

バプジが行くところには、昼も夜も関係なく、必ず人が集まってくる。車で移動するときは、何キロにもわたって沿道に人々の列ができた。みな手を振り、涙を流し、バプジの名前を呼んでいる。

バプジの車が通る道は、事前に公表されていなかった。もちろん、当時はSNSも存在しない。それどころか、村に暮らす人のほとんどは、電話さえ持っていなかった。

それなのに、なぜ彼らはガンジーがやって来るという情報を入手することができたのだろうか。その理由はわからないが、何か謎の力が人々を引き寄せたのか、バプジの行くところにはいつも人だかりができていた。

バプジもこの熱狂的な歓迎を喜んでいた。それは、何十万、もしかしたら何百万もの人々がバプジの主張に賛同し、運動に参加する可能性があることを意味しているからだ。

とはいえ、賞賛には犠牲もともなう。アシュラムの外に出ると、バプジは一瞬たりとも休むことができなかった。

それに一人になれる時間もまったくない。インドのどの街へ行っても、人々の群れが押し寄せてくる。彼らはガンジーの名前を大合唱しながら、一目だけでも姿を見ようと、何時間でも待っている。

バプジが現れ、手を振ったり、言葉をかけたりすると、満足した群衆は帰っていくが、またすぐに別の集団が押し寄せてくる。

バプジは、夜は九時に寝るようにしていた。三時に起きて瞑想し、五時のお祈りから一日の活動を始めるためだ。

しかし、群衆は夜遅くまで街頭にとどまり、ガンジーの名前を呼びつづける。そのためバプジはゆっくり眠れないこともよくあった。気の休まるひまもない狂騒《きょうそう》の日々だったが、バプジは決して冷静さを失わず、いつも変わらず穏やかだった。

「有名になる」ということ

有名になりたいと思っている人はたくさんいる。ジョージ・クルーニーやアンジェリーナ・ジョリーのようなスターになり、ファンやマスコミに囲まれる生活に、密かに憧れているのだ。

スポットライトを浴びるのは、たしかに気持ちがいいだろう。私自身も、バプジの旅に同行するときは、自分まで有名人になったような気分を味わっていた。そして、たいていの場合、それは楽しい体験だった。まるで重要人物のように扱われ、愛と賞賛を一身に浴びることができるからだ。

とはいえ、有名人の多くがプライバシーを求めて無人島に隠れたり、門のある高級住宅街に暮らしたりする理由もよくわかる。たしかに人気や賞賛はスターの生命線だが、一人になって自分と向き合う時間も必要なのだ。

最近では、特に実績がなくても、メディアによってスターに祭りあげられている人もいる。彼らはたいてい、ソーシャルメディアのフォロワーが何百万人もいて、キラキラ輝くドレスを着てレッドカーペットを歩く自分や、肌もあらわなビキニ姿で南国のビーチではしゃぐ自分の写真を投稿する。

ときどき私は、自分の知らない人が雑誌の表紙になっているのを見ると、「この人は何を成し得た人なんだ？」と疑問を抱くことがある。そんなとき、はっきりした答えがあることはめったにない。

世間に注目されたり、多くのファンに囲まれたりするのは、何かで実績をあげたことの副産物にすぎないのではないだろうか。俳優、政治家、人権活動家などとして活躍し、その結果として有名になるのだ。

そうやって実績をあげた人たちは、目的意識を持って人生を生きている。彼らにとって、いちばん大切なのはその目的であり、人気や賞賛自体を求めているわけではない。

一方で、**有名になることだけを目指している人は、空虚な人生を送っている。そして他人に賞賛されることで、その空白を埋めようとしているのだ。**

自分の才能を生かし、努力を重ねて手に入れる成功、または理想を実現したことによって手に入れる成功が、本物の成功だ。

しかし彼らは、ただ有名であることで有名人になっている。

本物の成功者と違い、彼らは孤独を必要としていない。充電をする必要もないからだ。

一人の時間は、「自分を取り戻す時間」

バプジには、専任の広報担当やアドバイザーはいなかったので、自分の身は自分で守るしかなかった。それに当然ながら、大豪邸の中に隠れることもできない。だからバプジにとって、セヴァグラム・アシュラムは唯一、安心できる場所だった。

バプジならどこでも好きな場所にアシュラムを作ることができただろう。しかし、一人の時間をつくるために、あえて不便な場所にあるセヴァグラムを選んだのだ。

私自身、初日に駅から延々と歩くことになったので、ここに来るのは大変だということは実感していた。

バプジはさらに念を入れて、アシュラムの近くにバス停を作らないように、地元の政府にかけ合っていたほどだ。このアシュラムには、本当に大切な用がある人にしか来てほしくなかった。ただ有名なガンジーを見たいだけの人はお断りだったのだ。

一人の時間が必要なのは、なにも映画スターやマハトマ・ガンジーだけではない。**私たちの誰もが、自分を取り戻すために、ときには孤独になる必要がある。**

私の祖父は、よくこんな冗談を言っていた。

「自分が一人になれる場所は二つしかない。アシュラムと、あとは刑務所の中だ」

バプジにとって、一人の時間は、心の平安を取り戻すための大切な時間だった。

忙しい現代に生きる私たちも、一人になれる場所を確保することが特に重要になる。立派な場所でなくてもかまわない。自分の部屋で、まったくじゃまが入らずに一時間過ごすことができれば十分だ。または、ベッドに入った時間、日記を書く時間でもかまわない。

人間として成長したいのなら、自分の人生をふり返る時間や、瞑想する時間が必要だ。思索と内省の時間を過ごした後なら、他人にきちんと意識を向け、もっと深く、意義深い関係を築けるようになる。

バプジは毎週月曜日を、アシュラムでの沈黙の日と決めていた。バプジはその間、普段はできない書き物をする。それ以外の日は、ただじっと黙っているのではなく、活動的な内省と瞑想を行うようにする。

たとえば糸車だ。糸車を回すと集中できるので、瞑想の効果もあると、バプジはよく言っていた。

私もアシュラムにいる間に、糸車を回すのがとてもうまくなり、ときどきバプジと、どちらが速く回せるか競争していた。

バプジは競争が嫌いではなかった。「糸車の競争で、最近はアルンに負けてばかりだよ」と、嬉しそうに私の両親に手紙で報告したこともある。

こうやって競争することもあったが、糸車を回す時間は、やはりバプジと私にとって大切な瞑想の時間だった。

私は静かな時間が好きで、一人きりで何時間でも過ごすことができた。バプジは私のそんな性質をおもしろがり、両親への手紙で、「沈黙の方法はアルンに教えてもらえばいい」と書いていた。

大人だけでなく、子供にとっても自分だけの時間は必要だ。

多くの親は、子供の予定をいっぱい入れることが子供のためになると考えている。学校が終わってからも、スポーツの練習、バレエ教室、体操教室、ピアノやバイオリンのレッスンなど、やることが山のようにある。これが終わったら次はあれという具合で、ただ純粋に遊ぶための時間がほとんどない。

子供も自分だけの時間を通して、本当の自分を発見するものだ。子供にいろいろな経験をさせるのはたしかにいいことだが、ときには孤独の時間を与えることも忘れてはならない。

私たちは大人になってからも、スケジュールの詰まった生活を続けてしまう。自分がどんなに忙しいか吹聴《ふいちょう》し、睡眠時間の短さを自慢する。複数のことを同時進行させるのが普通になり、静かに自分をふり返るような時間はほとんどない。

この問題は、実はもうずっと前から存在している。昔、祖父のドイツ人の友人がやって来て、人生の三分の一も寝ているなんて間違っていると、私たちにお説教したことがある。バプジはすぐにこう答えた。

「人生の三分の一を眠ると、寿命が三分の一長くなるのだよ！」

バプジは、忙しいほうがいいという考えは持っていなかった。むしろ心安らかに過ごすことが大切だと考えていた。

ソーシャルメディアについて思うこと

パソコンやスマートフォンの登場で、私たちの生活は前よりもずっと忙しくなった。

それらは、たしかに生活を便利にしてくれた。

SNSをやっていれば、何千キロも離れたところにいる人とも、瞬時につながることができ、友達やフォロワーが手に入る。それでも、SNSでの交流は、自分が思っているよりもずっと薄っぺらいものだ。

とはいえ、新しいテクノロジーをすべて否定することも間違っている。正しく使えば、社会に前向きな変化を起こすことができる。

何年か前、ベルリンで記者会見を行ったときのことだ。私の隣には、友人のディーパック・チョプラが座っていた。

彼は他の人が話しているのを聞きながら、ずっとスマートフォンをいじっていた。そしてときどき顔を上げると、「今の発言は二〇〇万人に届きましたよ」と報告してきた。ディーパックのSNSに、二〇〇万人ものフォロワーがいてよかったと思う。平和のメッセージをツイートするのは、間違いなくソーシャルメディアの賢い使い方だ。

祖父が今の時代に生きていたら、きっとツイッター（現X）やフェイスブックなどのSNSを使っていただろう。現に当時は、ラジオ放送を活用して、自分のメッセージを世の中に伝えていたのだから。

一方で、ただ投稿に「いいね！」するだけでは、世の中を変えることはできない。ソーシャルメディアが役に立ったと言えるのは、人々が行動を起こすきっかけになったときだけだ。

たとえば「アラブの春（二〇一〇年からアラブ世界で起きた民主化運動）」は、ソーシャルメディアが人々を動員したと言われている。中東では抑圧が日常的に行われているが、誰かが立ち上がり、抗議の声を上げたことで、運動の火はあっという間に燃え広がった。人々は街頭にくり出し、生身の人間同士としてつながり、ずっと望んでいた変化を実現させるために動き出した。

しかし悲しいことに、人々をつなげたその同じ技術が、人々を過激な行動に走らせる原因にもなっている。

メディアの報道によると、自爆テロを起こしたあるアラブ人の若者は、殉教すればあの世で美しい乙女たちが待っていると言われたという。

ムスリムの若者がこの話を本気で信じているかはわからないが、独裁政権、厳格な宗教の戒律、根強い偏見などのせいで人生を悲観し、死んだほうがましだと思ってしまったのかもしれない。

私の唯一の願いは、平和のメッセージが、憎しみや絶望のメッセージよりも大きな力を持つことだ。メッセージを伝える手段は、ラジオであろうと、ツイッターであろうとかまわない。

「今、ここ」に向き合いなさい

人類の歴史で、現代ほど人々がつながっている時代はない。それなのに、私たちは以前よりも孤独になってしまったと感じることがときどきある。ババジに同行して旅をするときは、二人で一緒に座って話をするか、またはそれぞれが自分の考えにふけっていた。

つまり言い換えると、**直接的なコミュニケーションを取るか、または孤独な時間を楽しむかのどちらか**だということだ。今の時代、人々は四六時中スマートフォンの画面を眺めている。これでは、真のつながりも、真の孤独も手に入らない。

ババジは誰かと一緒にいるときは、相手に刺激を与えていた。相手にきちんと意識を向け、自分の考えを伝えた。そしてアシュラムで一人になると、今度は自分自身とだけ向き合う。静かな環境でエネルギーを充電する。

バプジは、いつでも「今、ここ」だけに集中することができた。私もそうなれるように、昔からずっと努力を続けている。


しかし、現代のテクノロジーは、私たちから「今、ここ」を奪い、つねに「宙ぶらりん」の状態にさせている。

誰かと一緒にいても、スマホの画面を見るのに忙しく、人と本当の意味でつながることはない。そして一人でいるときも、メッセージのやりとりで忙しく、本当の意味で一人になることはない。

テクノロジーが作り出したこの「宙ぶらりん」の状態のせいで、私たちはつねに落ち着かず、どこかそわそわしている。

レストランや公園で、子供をほったらかしにしてスマートフォンに夢中になっている親をときどき見かける。会社や遠くの友人にメッセージを送るのは、本当に今すぐにしなければならないことなのだろうか？

その瞬間、親からのメッセージを〝本当の意味〟で受け取っているのは、放っておかれている子供たちだ。子供はこうやって、自分は親にとってどうでもいい存在だということを学んでいく。とても悲しい光景だ。

幸運なことに、私は両親や祖父から大切にされていると実感できた。世界中の人がバプジの話を聞きたがっていたが、私と一緒にいるときのバプジは、私だけに集中してくれた。子供だからといって軽く見ることなく、きちんと話を聞いてくれた。

子供が親の関心を必要としているときには、自分のすべてを子供に与える。そうすれば子供は、きちんと一人の時間も持てるようになるだろう。

「情報を得ること」より「一人で考える時間」が重要だ

人間は真実のために生きるべきだと、バプジは信じていた。真実を理解しようと努めれば、人生の意味に近づくことができる。

バプジ自身も、真実をつかんだわけではなく、チラッと見えることがあるだけだと認めていた。しかしその真実は、毎日目にしている太陽の光より一〇〇万倍は明るい光を放っていたという。集中力が散漫な状態では、そんな光が存在しても気づかないだろう。

日々の雑音は、真実の沈黙をかき消してしまう。

多くの音楽家やアーティストによると、創作のひらめきは思いもよらない瞬間に訪れるという。シャワーを浴びているときや、眠りに落ちる直前などだ。そんなアイデアを書き留めるために、枕元にノートとペンを用意している作家もいる。

もちろん、シャワーやベッドに魔法の力があるわけではない。ここで肝心なのは、現代生活で一人きりになれるのは、おそらくシャワー中かベッドに入ったときくらいしかないということだ。

見識を広めるためには、たしかに外に出てさまざまな人に会い、たくさんの経験を積まなければならない。しかし、そうやって受け取った情報を整理し、自分のものにするには、**一人になって内省する時間が必要だ**。バプジはそれを、私に教えてくれた。

私はそれを今も心に留めている。妻のスナンダと私は、アメリカに移り住むと、「非暴力のためのM・K・ガンジー協会」を設立し、後に「ガンジー・ワールドワイド教育協会」を設立した。そして長年にわたって、ルネサンス・ウィークエンドに招待してもらっている。

ルネサンス・ウィークエンドとは、ビジネス、政治、芸術のリーダーたちの集まりで、招待された人だけが参加できる。別名「すべてのアイデアが生まれる祭典」とも呼ばれていて、これまでに元アメリカ大統領、オリンピック選手、ノーベル賞受賞者などが参加してきた。各界の偉大な人物が一堂に会し、ワークショップや講演を通じて、公共政策を向上させる方法を考えることが目的だ。

私はこの会に参加すると、いつも大いに刺激を受け、エネルギーをもらうことができる。

しかし、もちろんそこで終わりではない。会で学んだことを持ち帰り、他の人たちにも伝え、実現できるように努力しなければならない。

外からアイデアが入ってきたら、一人で静かに考えて、自分の中で消化する必要がある。アイデアを実際に形にするには、そのようなプロセスが必要だ。

メディアなどからひっきりなしに情報を仕入れ、忙しく動き回っていると、たしかに自分がエネルギッシュに活動しているような気分になれる。しかし気をつけていないと、実はどうでもいいことに振り回されているだけ、という事態になりかねない。

私の場合、何をしていようとも、どんなに忙しくても、バプジをならってエネルギーを充電するようにしている。一人静かに思索し、瞑想するのを、毎日の習慣にしているのだ。

瞑想を嫌う人はたくさんいる。私が瞑想の話をすると、彼らは顔をしかめ、「自分には向いていない」と拒絶する。

もしかしたら、「瞑想」という言葉から、何か宗教的なものを連想しているのかもしれない。長いローブを着て、お香を焚《た》いたりすると思い込んでいるのだろう。

しかし、安心してもらいたい。そういったイメージはすべて間違っている。スポーツジムに行くときのような服装でもかまわないし、場所は公園のベンチでもいい。瞑想で本当に必要なのは、一人静かに自分をふり返ることだけだ。

私はできるだけそれを行うようにしている。意識を内側に向け、世界にとって重要なこと、私自身が自分や他の人たちのために達成したいことなどを考えるのだ。

自分が自分であることに誇りを持つ

もう老人になった今の私にとって、いちばん大切なのは、他の人たちから愛と尊敬のお手本と思われるような人生を送ることだ。

私は以前から、自分のことを「平和の農家」と呼んでいる。農家と同じように種をまき、貴重な作物を育てたいと思っているからだ。私がまくのは平和と非暴力の種だ。若い人と一緒に種をまき、美しい花が咲くのを楽しみにしている。

私はフェイスブックの「いいね!」の数や、自分のツイートがリツイートされた回数で、自分の価値を決めようとは思わない。自分らしいメッセージを発信し、「自分のためだけに生きているのではない」と伝えることをいちばん大切にしている。

バプジはかつてこんなことを言っていた。

「私は、自分が自分であることを嬉しく思っている。おまえもそう思えるよう願っているよ」

バプジの願いの通り、私は私であることをいつも嬉しく思っている。そして、私たちすべてがそうあるべきだ。

それなのに私たちは、すぐに自分を他人と比べてしまう。年齢は関係ない。大人でも子供でも同じことだ。自分より多くを持っている人――自分よりお金がある人、有名な人、おもちゃをたくさん持っている人を見て、自分がみじめになる。

しかし、目をもっと大きく開けば、自分より恵まれない人や、貧しい人がたくさんいることにも気づくだろう。自分がいかに恵まれているか自覚できれば、他者を助けることもできる。

そのためにも、他人の目を離れ、期待を忘れ、自分の経験を客観的に眺めることが大切だ。周囲の人や、テレビで見る有名人と自分を比べていると、もっと広い世界が見えなくなってしまう。世界の中での自分の立ち位置がわからなくなる。

今の時代、一人で静かな時間を過ごすのはたしかに難しい。こんなことを言っている私でさえ、ときにはやることや情報が多すぎて、自分を見失ってしまうことがある。

私たちは、音楽を聴き、ポッドキャストを聞き、動画を見て、ネットサーフィンをする。専門家によると、過去二年間に生まれた情報の量は、それ以前の人類の全歴史で生まれた情報よりも多いという。私たちは絶え間ないノイズにさらされている。

だからこそ、たとえ短くてもいいから、完全に一人になれる静寂の時間を確保しなければならない。それも今すぐに。

「思考の安全地帯」はもっとも危険な場所

近ごろ、大学で講演する機会が多くある。大学とは本来、さまざまな人種、宗教、考え方、文化的背景の若者が集まり、共に暮らし、共に学ぶ場所であるべきだ。

しかし、多様な学生を集めようと大学側がどんなに努力しても、ときには学生自身がその努力を無にしてしまうことがある。閉鎖的な学生クラブに所属し、自分と似たような人たちとばかり付き合う。または教室の中に安全地帯を作り、新しいものや気に入らないものについて考えることを拒否する。

聞いた話によると、教科書や講義の説明に、不快な表現が含まれるかもしれないという「警告」をつけている学校もあるという。自分と違う考えに触れて、ショックを受ける学生がいるといけないからだ。

しかし、それがはたして「学び」といえるだろうか？

あまりにも多くの大学が、この偏狭な考え方に屈してしまっている。教育の目的は、教科書の知識を詰め込んで、稼げる仕事に就くことだけではない。一流大学でも、学生たちは自分の世界に閉じこもり、異質な他者を恐れている。私の祖父がこの状況を見たら、きっと悲しむことだろう。

ババジが大切にしていた「孤独」とは、新しいアイデアを拒絶することでも、違う考えを持つ人を遠ざけることでもない。

ババジはあらゆるアイデアを歓迎した。すべての人の考えに耳を傾けた。そして一人になってから、それぞれの意見についてじっくり考え、自分の進むべき道を決めていた。

ババジは、自分と違う考えの人たちと、正面から向き合った。最近の大学では、講義の内容が気に入らないと教室から出て行ってしまう学生がいると知ったら、きっとがっかりするだろう。

思想や意見の「安全地帯」は、おそらくもっとも危険な場所と言えるだろう。なぜならそこにいると、自分と違う考え方がまったく見えなくなってしまうからだ。そういう場所で偏見が生まれ、解けない誤解がはびこることになる。

おそらくババジなら、たとえばシカゴ大学のように、学生が多様な価値観に触れられる環境を整えている大学を賞賛するだろう。

ババジはこんなことを言っていた。

「人間の精神は、たくさんの開かれた窓がある部屋のようであるべきだ。すべての窓から風を入れなさい。しかし、どの風にも吹き飛ばされてはならない」

これは、絶対に忘れてはいけない教えだ。情報やアイデアの風は、どんどん部屋に入れてかまわない。ただし、どんな考えであっても、それを盲信してしまわないように注意すること。柔軟な精神を持つことと、すべての考えを受け入れることは違う。柔軟な精神とは、ただ聞くことの大切さを理解しているという意味だ。

世界に参加し、あらゆる思想や考えに触れてみよう。それから一人になり、じっくりと考える――これまでに学んだ考えを活用して世界をよりよい場所にするには、どうすればいいだろうか？

人間の精神は、
たくさんの開かれた窓がある
部屋のようであるべきだ。
すべての窓から風を入れなさい。
しかし、どの風にも
吹き飛ばされてはならない。

レッスン4

自分だけの価値を知る

現代人の多くは、ガンジーと聞くと、布きれ一枚だけを身にまとい、すべての欲を捨てた聖人の姿をイメージするだろう。しかし、ここでびっくりするようなことを教えよう。実際のガンジーは、お金の価値を誰よりも知っていたのだ。

インドが独立するには、何よりもまず経済力をつけることが必要だった。自分の力で国や家族を支えられなければ、たとえ独立してもまったく意味がないということを、バプジはよく理解していた。

また、経済格差を解消することが、世界から暴力をなくす大きな一歩になるとも考えていた。効果的に非暴力を訴えるには、まず貧富の差から生まれる怒りを理解しなければならない、と。

バプジは、ときには世界の要人と呼ばれる人たちと会うこともあった。一九三〇年にはロンドンへ行き、最初の円卓会議に出席している。これはイギリス政府が主催する会議で、インドの将来について話し合うのが目的だ。

バプジはいつものように、糸から布地まですべて手作りの簡素な服を着ていた。このような手紡ぎ、手織りの布を、インドではカディと呼んでいる。バプジがカディにこだわるのは、農村地帯の貧しい人たちを助けるためだ。

バプジが始めた「カディ運動」はやがて大きく広がり、イギリスの繊維産業にも影響を与えるようになった。

イギリスはインドの綿花を安く買いたたき、イギリスの工場で服を作り、それを高い値段でインドに売りつけていたが、インド人がカディを作るようになったために、もうその商売ができなくなったからだ。

円卓会議の参加者たちがバッキンガム宮殿に招かれたときも、バプジはいつもの格好だった。腰巻きをして、布を羽織るだけだ。

宮殿スタッフは、国王に会うのにふさわしい服装ではないと顔をしかめたが、バプジは気にしなかった。ただにっこり笑うと、いつもと違う服装をジョージ国王が望むなら、出席しないだけだと答えた。

記者たちはこの一件を知ると、一斉に報道した。ある新聞の見出しには、「ガンジーは宮殿での晩餐会《ばんさん》にフンドシ一丁で出席した！」と書かれていたという。簡素なカディと履き古したサンダルという出立ちのガンジーが、バッキンガム宮殿の緋色《ひいろ》の絨毯《じゅうたん》の上を歩くイメージは、マスコミにとって格好のネタになったようだ。

一方でジョージ国王は、モーニングコートとストライプのズボンという昼の正装で現れた。そして国王と並んで立つのは、光沢のある銀色のティーガウンをまとったメアリー妃だ。国王に会うのに、その服装は簡素すぎたのではないかと尋ねられたバプジは、こんな有名な言葉を残している。

「国王が二人分の服を着ていましたから、私はこれで十分ですよ」

サインを巡る祖父との真剣勝負

ただし、バプジは経済的な成功を否定していたわけではない。自分だけが成功すればいいという考えを否定していただけだ。

バプジ自身、お金には興味がなかった。とはいえ現実的な人でもあったので、自分の理想を実現させるにはお金が必要だということもわかっていた。

そこでバプジは、あるアイデアを思いついた。バプジはどこへ出かけても、必ず多くの人からサインを求められた。バプジが行う祈りの会には、どんな宗教の人も参加できたので、ヒンドゥー教徒だけでなく、ガンジーを崇拝するイスラム教徒、キリスト教徒、ユダヤ教徒、仏教徒も集まった。その誰もが、ガンジーのサインを欲しがった。

ここでサイン一回につき五ルピーをもらうようにすれば（五ルピーは現代の価値で一〇セントにも満たない安い値段だ）、社会改革や教育改革のための資金にすることができるのではないか、と考えたのだ。

初めてバプジの旅に同行したとき、私はサイン帳とお金を集めてバプジのところに持っていく仕事を任された。あれはゾクゾクするほど嬉しかった！　バプジと一緒に行動し、仕事を任される自分が、なんだか重要人物になったような気がしたものだ。

当時、有名人のサインは今以上に貴重で特別なものだった。実際にかなり高い値段がつくサインもあった。

そのため、サイン帳集めの仕事を始めて何日かたったころ、私もバプジのサインが欲しくなってきた。とはいえ、私にはお金がない。それにバプジが、孫だからといって私を特別扱いしてくれるかはわからない。

そこで私は、色のついた紙を何枚か集め、サイン帳の大きさに切ると、ホチキスでとめてノートにした。そしてその日の夜、お祈りの日課が終わると、この不格好な手作りサイン帳を、集めたサイン帳の束《たば》にそっと忍び込ませた。

バプジがサインをする間、私はずっと隣に立っていた。バプジがおかしなサイン帳が混ざっていることに気づかず、そのままサインすることを願いながら。

しかし、バプジはそんなに甘くない。お金が関わるとなると、本当にどんな小さなことも見逃さない人だった。バプジは私のサイン帳を見ると、手を止めた。お金が挟まれていないことに気づいたからだ。

「このサイン帳にはなぜお金が入っていないのかな？」

「それは僕のサイン帳だからです。僕はお金を持っていません」

バプジは私の答えを聞くとにっこり笑った。

「つまりおまえは、私を出し抜こうとしたのかな？　なぜサインが欲しいんだい？」

「それは、みんなが持っているからです」

「でも、おまえも知っているように、みんなお金を払っているんだよ」

「でも、バプジは僕のお祖父さんじゃない！」

「もちろんおまえはかわいい孫だ。でも、決まりは決まりだ。サインにはお金を払うという決まりだから、もちろんおまえも払わなければならない。誰も特別扱いはしないんだよ」

私のエゴは傷ついた。特別扱いしてもらいたかったのに！

そこで私は、なんとバプジに挑戦状を叩きつけたのだ。

「僕はあきらめないよ。絶対にタダでバプジからサインをもらってみせる。どんなに時間がかかったってかまわない！」

「ほう、そうかね？」

バプジはそう言うと、声を上げて笑った。その目はいたずらっぽく光っていた。

「それでは、どちらが勝つか勝負しよう」
ゲーム開始だ。

それから私は、思いつくかぎりの策を弄《ろう》してバプジにサインさせようとした。ときには、バプジが偉い人たちと会議をしているところにいきなり乗り込み、バプジに向かってサイン帳を振って「サインをちょうだい！」と叫ぶという作戦をとった。ある日、会議の最中に私が乗り込んできて、大声でサインを要求したときのことだ。バプジはまったく怒らず、私を自分の胸に引き寄せ、手で私の口をおおった。そしてそのまま、何事もなかったかのように会議を続けたのだ。

バプジと話していた偉い政治家たちは、そのようすを見てぎょっとしていた。何が起こっているのか理解できなかったのだろう。

私としては、バプジは面倒を避けるためにサインをくれるだろうと期待していたのだが、見通しが甘かったことを思い知らされた。バプジは大英帝国を相手に喧嘩を売るような人物なのだから、これくらいで降参するわけがない。

結局、この勝負は何週間も続いた。バプジのところによくやってくる政府高官の一人が、何度も私に会議をじゃまされることにうんざりし、とうとう私の味方になってくれた。

「サインをあげてしまったらどうですか？　そうすればゆっくり話し合えるでしょう」

しかしバプジは、まったくとりあわず、静かにこう言った。

「これは私と孫の真剣勝負なのです」

バプジは、私がどんな作戦を使っても怒らず、私を部屋から追い出すこともなかった。バプジは怒りの感情を完全にコントロールしていて、どんな挑発にも表情ひとつ変えない。

ある日のこと、バプジは紙切れに「バプ」と書くと、「ほら、サインだよ」と言って私にくれた。これでがまんしなさいというわけだ。

「本物のサインじゃないからイヤだ！」と私は言った。

「あげられるのはこれしかないよ」。バプジはどんなときも、自分の主張を曲げなかった。

そして数日後、私はついにあきらめた。バプジは絶対に、サインをタダでくれることはない。それからは、うるさくせがむのはもうやめにした。それでも不思議なことに、勝負に負けたという悔しさはまったくなかった。むしろ誇らしかった。

この勝負の本当の意味は、紙に書かれた文字をめぐる攻防戦ではない。バプジは私に、「価値」について大切なことを教えてくれていたのだ。

この勝負が始まる前から、バプジは「自分のサインの価値は五ルピーだ」と決めていた。だから、サインが欲しいなら、誰であろうと五ルピーを払わなければならない。もし私にタダであげたりしたら、バプジは自分の価値を貶めることになる。

そして、このサインをめぐる勝負では、同じくらい大切な教えがもう一つある。それは、たとえ五ルピーを持っていなくても、それで私の価値が下がるわけではないということだ。

バプジは私のことを、国のリーダーたちと同じように大切に扱ってくれた。彼らの前で私をじゃけんに扱ったり、追い出したりしなかった。

国のリーダーたちも大事な話があったかもしれないが、私の話だって同じくらい大事だということを、バプジは認めてくれていた。

誰にでもその人だけの価値があるということを、バプジは教えてくれた。

バプジはすべての人に対して愛と敬意を持っていた。年齢も、貧しくてもお金持ちでも関係ない。

私たちはときどき、他人のほうが自分よりも価値があるように見えてしまうことがある。そして、自分だけの価値で世界に貢献できることを忘れてしまう。

「自分の価値」をきちんと理解することは、生きていくうえでとても大切だ。

自分に自信のある人は、周りの人の価値を理解し、認めることができる。地位やお金に関係なく、人の価値を認めることができるのは、自分自身の価値を認めている人だけだ。

「お金」や「モノ」で人の価値を決めてはいけない

祖父と同時代の学者たちの中には、ガンジーは技術の進歩や経済発展に反対していたと考える人もいる。しかし、それはバプジという人を誤解している。バプジはお金の価値をよくわかっていた。お金があれば、貧しい人の苦しみを終わらせることができる。

バプジはただ、お金で人の価値を決めなかっただけだ。仕立てのいい高価な服を着て、飛行機のファーストクラスに乗る人は、ボロを着て橋の下で寝ている人よりも価値があるなどとは、絶対に考えなかった。

先ほども書いたが、世界の要人たちとの会議でさえ、バプジはカディと呼ばれる簡素な格好で出席していた。他の出席者は、みな豪華な服装で、キラキラ光る宝石を身につけている。

私に言わせれば、彼らの格好のほうがよっぽど滑稽《こっけい》だ。バプジはわざわざ高い服を着なくても、自分の価値を世界に理解させることができたのだ。

お金や物質的な豊かさで自分の価値を決めようとすると、自分が空っぽになったように感じるだろう。

高級車や、大きすぎる家を自慢する人を見ると、私はむしろ気の毒になってしまう。なぜなら、その人が心の中に虚《むな》しさを抱えていることがわかるからだ。どんなにものを集めても、その虚しさを埋めることはできない。

または、会社をクビになった、家賃を払うのに苦労しているという理由で、自分には価値がないと思い込んでしまう人もたくさんいる。お金のある友人たちにバカにされるのではないかと心配し、お金のない自分を恥じている。お金や物質的豊かさと、自分の価値は、完全に分けて考えなければならない。

成功している人、たくさん稼いでいる人は、自分が成し得たことを大いに誇りに思うべきだ。しかし、自分の価値は銀行口座の残高で決まると考えるのは大きな間違いだ。

「物質主義と道徳観は反比例する」とバプジは信じていた。「どちらかが増えれば、どちらかが減ることになるだろう」と。

とはいえバプジも、お金を稼ぐこと自体が悪いと考えていたわけではないし、貧しいことは正しいことだと信じていたわけでもない。ただ、お金や物質的な豊かさだけを目指し、それ以外のすべてを捨ててしまうのは間違いだと言っていただけだ。

あなたにとってお金が意味のあるものなら、努力して手に入れるべきだ。しかし、**お金が最終目標ではないことをいつでも忘れないようにしよう。大切なのは、その次のステップだ。**

物質主義と道徳観は反比例する。
どちらかが増えれば、
どちらかが減ることになるだろう。

ガンジーの手紙を一一万ドルで売ろうとした話

私の子供や孫の中には、ガンジーの非暴力主義を受け継ぎ、人々を助けることを仕事にしている人もいる。現在、わが一族には、活動家や、あらゆる分野の専門家がたくさんいる。彼らのことは、とても誇らしく思っている。

孫息子の一人は弁護士で、インドで人身売買の犠牲になった少女の救済活動をしている。そして孫娘の一人はジャーナリストになり、インドの村で意義のある活動をしている小さな団体を世界に紹介している。アメリカに暮らしている孫息子の一人は、勤勉で患者思いの医者になった。

また私には、ロサンゼルスの有名投資会社の幹部になっている孫息子もいるが、彼のことも同じくらい誇りに思っている。彼は私には想像もできないような額を稼いでいるが、慈善家でもあり、世界で自分が果たすべき役割をきちんと心得ている。

前にも言ったように、持っているお金の額でその人の価値を決めることはできない。一方で、貧困や差別の撲滅、人々によりよい医療を届けるといった意義のある目標を達成するには、どうしてもお金が必要になる。

バプジもそれはよく理解していた。バプジは、自分のためにお金が欲しいという気持ちはまったくなかったが、大義のためにお金を集めることにはとても積極的だった。

私もアメリカに初めてやって来て、非暴力を広める組織を作ろうとしたときに、バプジの流儀を真似たことがある。

理想のワークショップやセミナー、講義などを想像していると、夢がどんどんふくらみ、早く始めたくてたまらなくなった。

組織の本部は大学のキャンパスにするのがいいだろうと考え、いくつもの大学に手紙を書いた。残念ながら、返事は一通もなかった。おそらく彼らは、ただの夢物語だと思ったのだろう。または、封も切らずに捨ててしまったのかもしれない。

だが幸運なことに、知り合いのつてで、テネシー州メンフィスにあるクリスチャン・ブラザーズ大学の学長に会えることになった。実際に会って話をすると、学長はとても乗り気で、事務所と住居用にキャンパス内の建物を無料で使うことを許可してくれた。

これはすごい！　私は大喜びだった。

ただし、運動のための資金援助はできないという。それは私たちが自分で何とかしなければならない。私はその話を受け入れたが、お金を手に入れる方法については、まったく計画がなかった。

それからは眠れない夜が何日も続いた。必要なお金を、どうやって手に入れたらいいのだろう？

そのとき私は、バプジがお金を集める姿を思い出していた。バプジは小さな袋を窓から出し、集まった人々にお金を入れてもらったり、自分のサインを一枚五ルピーで売ったりしていた。

バプジのサイン！　そのとき、私はひらめいた。自分もとても価値のあるものを持っていたではないか。それは、バプジの自筆の手紙だ。束にして箱に入れ、家のどこかにしまっていたはずだ。

それは私の両親や、私たち孫に宛てた手紙で、コピーはすでにインド政府に寄付していたが、オリジナルのほうはまだ持っている。しかし、正しい保存方法がわからないために、どんどん劣化してきていた。

大切な思い出だからという理由で手紙を手放さず、完全にぼろぼろにしてしまうのは、はたして正しいことなのだろうか？

私には正しいと思えなかった。博物館やコレクターが持っていたほうが、手紙の価値は高まるだろう。

そして手紙を売れば、そのお金でバプジの教えを広める団体を設立することができる。

「こんなとき、バプジならどうするだろう?」と考え、私は答えを出した。

オークションハウスのクリスティーズにこの話を持ちかけると、落札額はおよそ一一万ドルになるだろうという返事があった。これで夢が現実に近づいた。

そして法律アドバイザーでもある友人の助けを借り、「非暴力のためのM・K・ガンジー協会」を慈善団体として正式に登録した。バプジの手紙が売れたお金のうち、たとえ一セントでも自分のために使ったと思われたくなかったので、クリスティーズには落札額はすべて直接協会に送ってほしいとお願いした。

オークションへの出品が発表されると、その日の夜中の二時に、ミシシッピの自宅に電話があった。

眠い目をこすって電話に出ると、驚いたことに、電話の相手はインドの大統領だった。どうやら私の行動のせいで、インドでは大騒動になっているようだった。

電話の向こうでは大統領の秘書がまくしたて、私は口を挟むすきもない。私が祖父を使って金儲けしようとしているのが許せないようだ。

こちらの計画を伝えようとしたが、なにしろ夜中の二時なので、わかりにくい説明になってしまったかもしれない。何を言っても無駄だとわかると、私は電話を切った。

その翌日、大統領は私を非難する声明を発表した。私のところには、インド中から怒りの手紙や脅迫の手紙が届くようになった。

これにはショックを受けた。また眠れない夜が始まった。しかも、今度は前よりもっとひどかった。今の私に必要なのは、バプジの導きだ。それなのに、バプジの声は聞こえなかった。

私はバプジの教えについて考えていた。バプジは、すべての人の価値は平等だと信じていた。そして答えが出ない問題があるときは、よく人々に尋ねていた。

そこで私は、『ニューヨーク・タイムズ』紙に連絡し、私の意見を新聞に掲載させてほしいとお願いした。この問題についての自分の考えを説明し、人々に正しい道を教えてもらうためだ。

私はその文章に、「私はどうするべきか?」というタイトルをつけた。その文章が新聞に掲載されると、予想をはるかに上回る反響があった。意見をくれた人のうち、九割以上が私の計画を支持してくれた。インドの新聞各紙も、この文章を再掲載した。

すると、この問題を取り巻く状況はすぐに変化した。これぞまさにガンジーの精神を受け継ぐ行動だと賞賛されるようになったのだ。私の行動を全否定していた人たちも、一斉に手のひらを返し、今度は全面的に支持するようになった。

とはいえ、ここまで大騒ぎになってしまったために、手紙の購入に興味を持っていた人の多くは恐れをなしてしまった。

そしてオークション当日、手紙の落札額は、事前の予想の半額ほどにしかならなかった。しかも落札者は皮肉なことに、インド政府だったのである。私が最初に手紙の売却を打診したときは、にべもなく断っていたというのに。

あなたの「才能」や「幸運」を他人にも分け与えなさい

バプジは、どんな人にも特別な才能があると信じていた。私たちは、その才能を自分のためだけでなく、人々のためにも使わなければならない。

高級ジュエリーを売るあるブランドの広告に、こんなコピーがあった。

「この時計は所有するのではない。次の世代に残すためにあるのだ」

私は、高価な時計には詳しくないが、大切な価値を次の世代に残す意義についてはよく知っている。

　バプジはよく言っていた。才能を手に入れる方法は、いい教育、家族の協力、本人の努力などさまざまだが、**どうやって手に入れたとしても、その才能は自分だけのものではない。ただ責任を持って預かっているだけだ**。自分の行動や、誰かを助けることによって、その才能は受け継がれていく。だから、自分のためだけでなく、誰かのために、世界に貢献するために才能を使わなければならない。

　ビル・ゲイツは大富豪だが、自分は金持ちだから偉いとはみじんも思っていない。彼は妻とともにビル＆メリンダ・ゲイツ財団を設立し、慈善活動に熱心に取り組んでいる。財団の基本精神は、「すべての命には平等な価値がある」という言葉で表現できるだろう。ビルとメリンダはつねにその精神を忘れず、世界のもっとも貧しい人たちに希望と力を与え続けている。医療や教育を提供し、たくさんの子供が「生き残り、さらに成功できる」ようになるのが彼らの目標だ。

　ビル・ゲイツはたしかに世界でも有数の金持ちだが、自分の価値は収入額で決まらないということをよくわかっている。恵まれない人たちのことを本当に気にかけているということが、ビル・ゲイツという人間の真の価値だ。

バブジはよく、「**才能や幸運に恵まれた人は、それを他の人にも分け与えなければならない**」と言っていた。バブジが今生きていたら、きっとビル・ゲイツに会って感謝の言葉を伝えたいと思うだろう。また、社会的な責任を果たしている企業に対しても、心からの敬意を払うはずだ。

実際にこの目で見た例をあげると、たとえばムンバイに拠点を置くタタ・グループだ。タタはインド最大級の巨大企業であり、グループに所属する約三〇社は、自動車から鉄鋼、コーヒーや紅茶まで多岐にわたるものを生産している。

一八六八年の設立以来、創業家のタタ一族は、一貫して慈善活動に熱心に取り組んできた。私はタタ家のようなやり方を、「思いやりのある資本主義」と呼んでいる。タタ家の人々は、贅沢を拒《こば》み、庶民的な暮らしを心がけている。

個人としても会社としても巨額の収入があるが、その大部分を使って、インドのもっとも貧しい人たちを助ける活動を行っている。たとえば、清潔な水を届ける、農業改革、教育支援などの活動だ。

グループ企業のタタ・スチールが拠点を置くジャムシェドプルでは、会社が地元の全労働者を養っていると言っていいだろう。

何年か前に、タタの幹部の一人がこんな冗談を言っていた。

「インフラから家、車、それに動物園や病院までタタが用意しているので、労働者は、配偶者を見つければいいだけです」

タタ一族は、古代ペルシア（現代のイラン）で生まれたゾロアスター教の信徒だ。宗教ではよくあることだが、このゾロアスター教徒も、より力の強い宗教から激しく迫害され、七世紀にやむを得ず国を離れることになった。

そして、たくさんの難民を乗せた船が、インドの西岸に到着した。難民はインドの王に謁見《えっけん》すると、国にとどまらせてほしいとお願いした。

しかし王は、テーブルの上に置いてあるコップを指さした。コップには水がなみなみと入っている。

「私の王国も、このコップと同じだ。もうこれ以上人を入れることはできない」

それを聞いた難民のリーダーは、コップの水にスプーン一杯の砂糖を入れると、かき混ぜて溶かした。

「砂糖は水に溶け、水を甘くすることができます。それと同じように、わが民もインドの社会に溶け込み、社会をよりよくすることができるでしょう」

王はこの答えに納得し、ゾロアスター教徒の難民を受け入れた。それ以来、ゾロアスター教徒はインド社会の重要な一員であり続けている。

この心温まる逸話を聞くと、誰もが思わず笑みを浮かべる。しかし、これをただの「いい話」で終わらせてはいけない。王の最初の言葉は、現代の私たちが難民の受け入れに直面したときに、真っ先に口にする言葉でもある。または、貧しい人や、違う宗教、違う民族や人種の人たちに対しても同じような態度だ。

どんな人であれ、自分たちの社会を甘くする砂糖になってくれる——私たちはむしろ、そう考えるべきではないだろうか？

あなたもまた、コップの水を構成している一員だ。いつでも水を甘くする役割が果たせるように、努力しなければならない。

才能や幸運に恵まれた人は、
それを他の人にも
分け与えなければならない。

レッスン5

ウソは人生のガラクタ

バプジは高血圧だったが、自然療法だけに頼って治療していた。私がアシュラムにいた間も、プーナという街にある自然療法の診療所に通っていた。

プーナは空気のきれいな場所で、気候も穏やかだ。私はプーナへ一緒に連れていってもらえるのが嬉しくてたまらなかった。アシュラムを訪れる偉い人たちも、バプジに相談するためにプーナまでやってくることがあった。

プーナ滞在中のある朝、日課のお祈りとヨガが終わると、私は診療所の階段に座り、朝の爽やかな空気と花の香りを満喫していた。ぼんやりしていると、後ろから誰かがやって来て、私の肩に手を回した。

びっくりしてふり返ると、なんとジャワハルラール・ネルーだった。インド独立後に初代首相になる人物だ。

ネルーはそのころからすでに世界的な有名人で、インドではバプジに次ぐ重要な存在だと考えられていた。ネルーに会ったのは、そのときが初めてだった。

インドの大スターを目の前にして、私はすっかり舞い上がってしまった。バプジのそばにいることにはもう慣れていたが、今度はネルーにも会うことができた！

「おはよう。一緒に朝ごはんを食べないか？」とネルーは声をかけてきた。

「はい。よろこんで」。私は立ち上がり、平静を装いながら食堂へ歩いていった。その間、ネルーはずっと私の肩に手を回していた。

席に着くと、ネルーはメニューをざっと見て、何が食べたいかと私に尋ねた。

「あなたと同じものがいいです」。私はとっさにそう答えた。

「でも、私はオムレツにするよ。きみのお祖父さんは卵を食べることに反対なんじゃないかな」と彼は言った。バプジが厳格な菜食主義で、卵も魚も食べないことを知っていたのだ。きっと私も同じだと思ったのだろう。

たしかにそのとおりだった。でも私は、ネルーの前でいいところを見せたかった。そしてどういうわけか、どうしても彼と同じものを食べなければならないと思い込んでしまった。

「それは大丈夫です」と、私はきっぱり答えた。

ネルーはガンジーを心から尊敬していたので、ガンジーの意に反するようなことはしたくなかった。そこで、まずはお祖父さんの許しをもらってきなさいと私に言った。

私は椅子から飛び降りると、バプジの部屋に走って行った。そのとき、バプジの部屋にはサルダル・パテルが来ていて、二人でなにやら真剣な話をしていた。パテルはインド独立後、ネルーの下で初代副首相を務めることになる人物だ。でも私にとって、あのときはインドの未来よりも、オムレツのほうがずっと重要な問題だった。

「バプジ、朝ごはんにオムレツを食べてもいい？」と、私は興奮して尋ねた。

バプジは顔を上げると、驚いた目で私を見た。

「卵を食べたことはあるのかい？」

「うん。南アフリカで食べたことがある」と私は答えた。まったくのウソだったが、なぜかすらすらと口から出てきてしまった。

「それならいいよ。食べなさい」とバプジは答えた。

ウソをつくのはなんて簡単なんだろう！　私は走ってネルーの待つ食堂へ戻ると、祖父の許しをもらったと伝えた。

ネルーは「それは意外だな」と驚いていたが、それでも私のオムレツも注文してくれた。正直なところ、そこまでして食べた卵はそれほどおいしいとは思えなかったが、それでも一つの小さなウソをついただけで、ネルーと一緒に西洋風の洗練された朝食を楽しむことができたのだ。

それから何週間かたったころ、バプジと私はムンバイに来ていた。地元の裕福な実業家のビルラ家に招待され、一家の大邸宅に滞在していたのだ。ビルラ家の邸宅はあまりにも豪華絢爛《けんらん》で、いつも暮らしているアシュラムとは何もかもが違っていた。

ある日の午後に、屋敷の庭を探検してみた。庭からは広大なインド洋を一望することができる。その間に両親がやってきて、バプジと会っていたことにはまったく気づかずに。

バプジが両親にまず尋ねたのは、私が卵を食べたことがあるかということだ。両親は「もちろんありません！」と答えた。

庭でぼんやりしていると、バプジに同行していた親戚のアブハが私を呼びに来た。

「ババジが部屋に来なさいだって。まずいことになってるから急いだほうがいいよ」と彼女は言った。

私は首をかしげた。

「僕、何かやったかな？」

自分としては、模範的な子供になろうとかなり努力しているつもりだった。

「私に聞かないでよ」。アブハはそう言うと、肩をすくめた。


ババジの部屋へ行くと、両親もいたのでびっくりした。二人ともババジに向かってひざまずき、頭を下げている。私が部屋に入っても、両親は顔を上げなかった。部屋にいる全員がにこりともしなかった。

ババジは黙って手招きすると、私を自分の隣に座らせ、私の肩に手を回した。「プーナにいるときに、オムレツを食べてもいいかと聞きに来たことがあったね。覚えているかな？」とババジは言った。

「あのときおまえは、卵を食べたことがあると言っていた。だから私は、食べてもいいと答えたんだ。でも、さっきおまえのお父さんとお母さんに確認してみたら、おまえに卵を食べさせたことは一度もないそうだ。私はどちらの話を信じたらいいのかな？」

心臓がドキドキしていた。バプジの信用を失いたくなかったので、必死になって考えた。「バプジ、おうちではクッキーやケーキを食べていました。クッキーやケーキには卵が入っています」。私は真剣だった。

バプジは私の顔をまじまじと見ると、いきなり声をあげて大笑いした。

「おまえはいい弁護士になれそうだな。わかった。その主張を認めよう。さあ、もういいから遊んでおいで」

バプジはそう言うと、私の背中を優しく叩いた。

私は誰とも目を合わせないようにしながら、そそくさと部屋を出た。たしかに無罪放免にはなったかもしれないが、罪悪感はずっと消えなかった。何十年もたった今でも、ときどきそのときのことを思い出すことがある。

ウソに隠れた「本当の欲求」と向き合いなさい

ウソをつくのは、当面の解決策としてはとても便利な方法だ。しかし、誰かにウソをつくと、自分に対してもウソをつくことになる。**最初から真実と向き合っていたほうが、得るものはずっと大きい。**

プーナでのあの日、私はバプジをだましただけでなく、自分自身もだましていた。オムレツを食べるくらい、たいしたことではないと思い込もうとしていた。

たいていの人は、悪い人になろうと思ってウソをつくのではない。むしろ「これは正しいことなんだ」と自分に言い聞かせている。他人に真実を教えないだけでなく、自分自身も真実から目をそらしているのだ。

ウソをつかないのが難しいのは、自分の本当の欲求を知り、認めなければならないからだ。バプジに卵は食べたことがあるのかと尋ねられたとき、「食べたことはないけれどそろそろ食べてみたい」と正直に答えることができたら、バプジにとっても私にとってもどんなによかっただろう。そうすれば、「私はもう大きいのだから、菜食主義者になるかどうかは自分で決めたい」ときちんと説明することができたはずだ。それだけではなく、ネルーの前で舞い上がってしまった気持ちについても、バプジと話し合うことができたかもしれない。

多くの人は、人生が自分の思い通りにならないと感じているときにウソをつく。子供やティーンエイジャーは、大人が決めたルールに従わなければならないので、特にそう感じることが多いだろう。

最近、とても賢い一〇歳の男の子が両親とした交渉について耳にしたことがある。少年はプログラミングを習ったばかりで、自分のプログラムを完成させたくて夢中になっていた。しかし両親は、もう寝る時間だと言って、パソコンを使うのをやめさせようとする。

最初のうちは、「まだ途中だから！」などと本当の理由で抵抗していたが、しだいに少年は、「先生が徹夜で完成させなさいって言ったんだ！」というような、ウソか本当かわからない理由を主張するようになった。

子供にウソをついてほしくないのなら、まずは子供の欲求をきちんと認め、尊重してあげなければならない。

それと同じように、親自身がウソという簡単な逃げ道を選ばないようにすることも大切だ。親が小さなことでウソをついていると（たとえば、「注射は痛くないよ」）、子供はウソでその場を逃れてもかまわないと信じるようになる。

ウソは人を弱くする

多くの人は、自分に力がないと感じるときにウソをつく。それは大人でも子供でも同じことだ。ウソをつくことで、自分が強くなると考えている。

しかし実際は、ウソは人を弱くする。ウソに足元をすくわれることになる。オムレツの一件での私がまさにそうだった。

それに、たとえウソがばれなくても、**ウソで手に入れた勝利は一瞬で消えてしまう。**ウソをつくことで自尊心を傷つけ、ウソで手に入れたかった力を、むしろ失うことになるからだ。本当の自分のままでは成功できない、ウソをつかなければならないと思い込むようになってしまう。

ウソをまったくついたことがない人はあまりいないだろう。それでも、いずれ自分に自信がつけば、堂々と本当のことを言えるようになる。

子供が衝動的にウソをつくのは理解できるが、悲しいことにいい大人の政治家でも、ウソばかりついている人がいる。政治家として真摯に務めを果たすことよりも、自分の体面のほうが大切になってしまっているからだ。

彼らも選挙で勝つことはできるかもしれないが、真のリーダーには決してなれない。人間的に弱く、確固たる信念を持っていないからだ。

ウソの上には、「ぐらぐらな家」しか建たない

マハトマ・ガンジーは歴史に名を残す偉人なので、多くの人から完璧な人間だと思われている。たいていの人が、ウソの誘惑に負けることはなく、真実を貫き通す人物というイメージを持っているだろう。

しかし、完璧な人間などいない。バプジも例外ではなく、ついウソをついてしまう人間の弱さを深く理解していた。バプジ自身、若いころはウソの誘惑に負けたことがある。だからこそ、あのオムレツの一件で、あんなに簡単に私を許してくれたのだろう。

バプジが一二歳ごろのことだ。たいていの子供がそうであるように、バプジも禁止されていることをやってみたくてたまらなくなった。バプジにとって、それは肉を食べることと、タバコを吸うことだった。

タバコを吸う人たちを見て、口から煙を吐き出すのがかっこいいと思ったバプジは、最初は他人の吸い殻で吸う真似をしていた。そしてしだいに本当に吸いたくなり、タバコを買うために家のお金を盗むようになった。

肉を食べるときもウソをついたが、タバコに比べれば立派な動機があったと言えるかもしれない。バプジは子供のころからインドの独立を熱望していた。しかし小柄で痩《や》せていたので、これではイギリスと戦えないのではないかと心配していた。バプジの知るイギリス人は、みな大きくて勇敢に見えたからだ。

その当時の流行歌に、「イギリス人が強いのは肉を食べるからだ。菜食主義のヒンドゥー教徒に勝ち目はない」というような歌詞があった。そして、バプジと仲のいいイスラム教徒の友達も同じ考えだった。「イギリス人をインドから追い出したいなら、肉を食べてイギリス人のように大きく強くならないとだめだよ」と、その子はバプジに言った。

そこでバプジは、体を大きくするために、親には内緒で肉を食べることにした。両親の目を欺《あざむ》くには、複雑な策を弄する必要がある。

バプジは友達と一緒に家を抜け出し、川のそばの人目につかない場所へ行くと、生まれて初めて肉を食べた。おいしいとは思えなかった。しかもその日の夜は、ひどい悪夢に悩まされた。

それでもバプジは、肉を食べるのをやめなかった。イスラム教徒の友達にヤギや他の肉を料理してもらい、両親の目を盗んで食べていた。

だが、**一度ウソをつくと、またウソをつくことになる**。

肉を食べて家に帰ると、もうお腹がいっぱいなので、母親が用意してくれた料理が食べられない。そんなときは、お腹が痛いとウソをついた。それに肉のお金を払うために、兄弟の金貨を盗んだこともあった。

しかしバプジは、こうやって隠しごとをしていることがだんだんつらくなってきた。それにどんなに肉を食べても、体は思ったほど大きくならない。

実際のところ、肉を食べたからといって強くなれるわけではなく、バランスのいい菜食でも十分に強い体を作ることができる。バプジもそれがわかると、肉を食べるのをやめ、両親にウソをつくこともなくなった。

ウソを告白することほど難しいことはない。バプジもまた、これまで両親を欺いてきたことをしばらく告白できずに苦しんでいた。

両親に面と向かって言うのは怖かったので、手紙で今までの行動を告白し、許しを請うことにした。しかし手紙を書きあげても、今度はなかなか渡すことができない。

そのころ、バプジの父親は重い病気にかかっていて、バプジも家で介護の手伝いをしていた。

ある夜、父親と二人きりになると、バプジは勇気を振り絞って父親に手紙を渡した。父親は手紙を読み、読み終わるとまた読んだ。そして二人そろって涙を流した。父親はバプジを抱き寄せると、「息子よ、おまえを許そう」と言った。

バプジは当時を思い出すと、とても悲しそうな顔をする。私にこの話をしながら、正直に告白し、二度と同じ間違いはしないと約束すれば、信頼を取り戻すことができると教えてくれた。それだけでなく、人は誰でも、ウソをついたり、真実から目を背けたりしてしまうものだということも教えてくれた。

ウソは砂と同じで、強固な基盤を作ることはできない。砂の上に建てたものは、ぐらぐらと安定しない。

ウソにウソを重ねるのは、砂の上にどんどん建て増ししていくようなものだ。ウソという砂上の楼閣《ろうかく》は、遅かれ早かれ倒壊することになる。

ウソをついて後悔するよりも、真実を話して罰を受けるほうがずっといい。バプジはそのことを、実際の体験から学んだ。

一回の失敗で学び、そのあとはずっと正直に生きていけるなら、それに越したことはない。しかし、たとえバプジでも、何度も同じ失敗をくり返した。タバコのことでウソをつき、肉のことでウソをつき、お金を盗んだことでウソをついた。そしてついに父親に告白し、もうウソは二度とつかないと誓いを立てたのだ。

大人になったバプジは、こんな有名な言葉を残している。

「真実には言葉で表現できないほどの輝きがあり、太陽の一〇〇万倍も明るい光を放っている」

ヒンドゥー教や仏教では、自分のことも、自分以外の存在も傷つけてはいけないという大切な教えがある。バプジの非暴力主義も、おそらくこの教えから生まれたと考える人も多いだろう。

しかし、バプジの非暴力は、物理的に危害を加えないという意味だけではない。ウソをつくこと、だますことも、相手を傷つける暴力だと考えていた。この種の暴力をやめるのは、物理的な暴力をやめるよりもずっと難しいと、バプジは信じていた。

バプジと同じように、私もまた何度かウソの失敗をくり返した。しかし最終的には、どんな状況でも真実だけを言えるようになった。それはこの先もずっと変わらないだろう。

政治討論を聞いていると、よく「事実が歪《ゆが》められている」という議論が出てくる。驚いたことに、どうやら世の中には、「真実」さえも誰かの都合のいいようにねじ曲げられていると思っている人がいるようだ。

たしかに、科学で証明できないこともたくさんある。それでも、手に入る事実の中でもっとも真実に近いものを選び、絶対的な真実を追い求めるべきだろう。たとえば、地球温暖化は起こっていないという意見も存在する。または、移民は犯罪の増加につながるという説や、差別は存在しないという考え方もある。

しかし、そういった説を信じる人は、厳然たる事実からわざと目をそらし、感情的なウソを信じることを選んでいるのだ。

もしかしたら、移民に反対する人や、差別を野放しにする人は、何か個人的な理由があるのかもしれない。どんな理由があるにせよ、その理由について、自分にウソをついてはいけない。

ウソという砂の上に、自分の未来や、国の未来を築いてはいけない。バプジが政治の世界に入ったのは、真実を求める強い気持ちがあったからだ。この姿勢は、すべての人のお手本になるだろう。

知人のある男性が、「誰にどんなウソをついたかをすべて覚えていられないので、もうウソをつくのはやめにした」と冗談を言っていた。ウソで人生を面倒にしたくないということだろう。

結局のところ、いつでも正直でいたほうが、ウソをついたり、自分以外の人間のふりをしたりするよりも、ずっと大きな力を手に入れることができる。

「真実」を語る人の周りには、人が集まる

アメリカ人は、「本音で生きる人」を賞賛する傾向がある。本音で生きるとは、心から信じていることに対してウソをつかないということだろう。

私はそれを聞くと、よく祖父を思い出す。バプジはいつも、布を体に巻いてサンダルをはいただけの質素な格好をしていたが、それでも世界中の人から崇拝されていた。人々はきっと、バプジの中に真実を見ていたのだろう。ガンジーの情熱は本物であり、その言葉にウソはないと信じていたのだ。

一九三〇年、バプジは「塩の行進」と呼ばれる非暴力の抗議運動を指揮し、世界中を

驚かせた。インドの食生活で塩は欠かせない食材だが、インド人は塩を作ったり売ったりすることが禁じられ、すべてイギリスから買わなければならないことになっていた。しかもイギリス産の塩には、高い税金がかけられている。

そこでバプジは、塩の税金撤廃を求めて立ち上がった。インド独立に向けて大きな一歩になる運動だと考えたからだ。バプジは昔から、イギリスも話せばわかる相手だと信じていた。真実を訴えれば、彼らも何が正しいかわかるはずだ。

バプジは、インド総督宛に心を込めて手紙を書いた。問題点を指摘し、それが改善できることを真摯に訴えた。総督からの返事はたった四行で、「ガンジーは法を破るべきではない」とだけ書かれていた。

バプジは支持者に向かって言った。

「私はひざまずいてパンを求めたが、代わりに石を投げられた」

そこでバプジは、ある計画を発表した。支持者とともに、アラビア海まで四〇〇キロ近くにわたって徒歩で行進しようというのだ。そして海岸に着いたら、法を破り、海水からできた塩を集める。

バプジがそのころ運営していたアシュラムでは、全員が参加を表明したが、バプジはその中から数十人だけを選んだ。いちばん若い参加者は一六歳だった。そして最年長は、当時六一歳だったバプジだ。

出発の朝、アシュラムでは全員が夜明け前に起きて一行を見送った。近くの街からもたくさんの人が参加し、行進は何千人にもなった。それにヨーロッパ、アメリカ、インドの各地から、取材の記者もつめかけていた。

行進の間、バプジは毎日通りがかった街に立ち寄って、行進の目的を説明した。すると参加者は日を追うごとに増えていった。

ある村に立ち寄ったときは、バプジの話を聞くために三万人ほどの人が集まった。「これは一人の人間の戦いではありません。私たちみんなの戦いなのです」とバプジが語りかけると、誰もが行進の支持を表明した。

一カ月ほどたち、ついに海に到着するころ、行進は何万人にもふくれあがっていた。そこで私の祖父が取った行動は、今では伝説になっている。砂浜に出て、身をかがめると、自然にできた塩のかたまりを手ですくい取ったのだ。そして、バプジは宣言した。

「この塩を使って、大英帝国の根幹を揺るがそう！」

バプジはイギリスに公然と反旗を翻《ひるがえ》した。暴力も、怒りも使わずに、植民地支配は間違っているということを訴えた。バプジの友人で、行進に参加したマハデブ・デサイが後に語ったところによると、一行はバプジが砂浜で塩を取るのを見ると、自分も同じように塩を手に取り、笑ったり歌ったり、お祈りを唱えたりしていたという。全インドが、この行進に反応しているようだった。

イギリスはすぐに介入し、バプジを逮捕した。それから六万人ほどのインド人も逮捕した。しかし、バプジのメッセージはすでに多くの人に届いていた。非暴力の抗議運動は、とどまるところを知らず、インドの独立を願う多くの人が海岸に集まり、みんなで塩作りを始めた。イギリスも、彼ら全員を逮捕することはできなかった。牢屋の数がとても足りなかったからだ。

私の祖父は、激しい演説で人々を駆り立てるようなタイプではない。それに自分の軍隊や政党を持っているわけでもない。それでもバプジが呼びかけた行進には、何万人もの人が参加した。バプジの運動を支持する人は、インド全土で何百万人もいた。

ここまで支持を集めることができたのは、ガンジーは真実だけを語っているということが人々にも伝わったからだろう。**バプジは、正しい動機と、深い信念に突き動かされて行動していた。そういう人の周りには、自然と人が集まってくる。**

ウソを捨てて、真実だけを語るようにすれば、人生を変えることができる——そしておそらく、あなたの国も変えることができるだろう。

真実には言葉で
表現できないほどの輝きがあり、
太陽の一〇〇万倍も
明るい光を放っている。

レッスン6

ものを粗末にするのも暴力

バプジと一緒にプーナへ行くのは楽しかった。アシュラムでの静かな暮らしも好きだったが、プーナはセヴァグラムよりも大きな街で、市場やお店をぶらぶら見て回ることができたからだ。プーナに行くとかなり長い滞在になったので、バプジはそこで私に勉強を教える先生も手配してくれていた。

ある日、勉強を終えて先生の家から歩いて帰る途中に、文房具店に鉛筆が並んでいるのが目に入った。そのとき使っていた鉛筆は、もうかなり短くなっていた。そろそろ新しい鉛筆を買ってもいいころだ。そう考え、小さな鉛筆を道路脇の草むらに投げ捨てた。

その日の夜、バプジと二人で過ごす時間のときに、私は新しい鉛筆が欲しいと言った。たいしたお願いではないと思っていたが、バプジはどんな小さなことも見逃さない。

「朝に持っていた鉛筆はどうしたんだ？　まだ使えるじゃないか」と言ってきた。

「あれは短すぎるよ」と私は答えた。

「そんなに短くは見えなかったよ。どれ、見せてごらん」。バプジはそう言うと、手を差し出した。

「あれはもう捨てちゃった！　だからここにはありません」と私は何の気なしに答えた。

バプジは怪訝《けげん》そうな顔で私をじっと見た。

「捨てたのか？　それなら、今から探しに行きなさい」

でも外はもう暗いと訴えると、バプジは懐中電灯を持ってきた。

「これがあれば大丈夫だろう。自分の通った道を戻って、目をこらして探せば、きっと見つかるよ」

こうなったら、もう言われた通りにするしかない。暗くなった道を歩き、鉛筆を捨てたあたりに到着すると、懐中電灯で草むらの中やドブの底を照らして鉛筆を探した。

たまたま通りがかった人が、「何か大事なものでも探しているのか？」と尋ねてきた。

バカだと思われそうで言いたくなかったが、それでも私は本当のことを答えた。

「このあたりに鉛筆を落としたので、探しているのです」

「その鉛筆は純金製か何かなのか？」と、その男性は笑っていた。

私は鉛筆を投げた場所のあたりをつけ、草をかき分けたり土をどかしたりしながら、その周辺をくまなく探した。そして二時間後、やっと見つけることができた。正確には二時間ではなかったかもしれないが、それほど長く感じた。

探していた鉛筆をついに手にしたときも、宝物を見つけたような喜びはなかった。それはやはり、いらないと思って捨てたあの短い鉛筆でしかない。きっとバプジも、実物を見れば納得するだろう。私の判断が正しかったとわかってくれるはずだ。私は足取りも軽く家に帰ると、バプジのところへ行った。

「見つけました。ほら、もう短すぎるでしょう？」

バプジは鉛筆を手に取った。

「これくらいの長さがあれば、あと二週間は使えそうだな。見つかってよかったよ」

バプジは鉛筆を自分の小さなテーブルの上におくと、私に向かってにっこり笑った。そしてこう言った。

「さあ、私の隣に座りなさい。鉛筆を探しに行かせた理由を、これから説明しよう」

ものを粗末にするということ

私が座ると、バプジは私の肩に手を回した。

「ものを粗末にするのは、ただの悪い習慣ではない。それは周りの世界のことをまったく気にかけていない証拠だ。自然に対する暴力なんだよ」

私が暴力という言葉から連想するのは、誰かの体を物理的に傷つけることだけだった。バプジの言うように考えたことは一度もなかった。

「世の中にあるすべてのものは、誰かが時間とお金と労力をかけて作ったんだ。この小さな鉛筆だってそうなんだよ。それを捨ててしまうのは、国の資源の無駄づかいでもあるし、作ってくれた人たちに対しても失礼なことだ」

その言葉について考えていると、バプジがこんな質問をしてきた。

「道を歩いているときに、貧しい人を見かけるかい？」

「はい、見かけます」と、私は答えた。

「あの人たちは、お金がなくて鉛筆を買うことができないんだ。おまえや私のように、必要なものを買える人たちは、ものを粗末にすることが多い。私たちのような人間が世界の資源を無駄づかいしていたら、他の人たちの分はさらに少なくなってしまう」

「わかりました、バプジ」

私は口の中でもごもごと答えた。

そして立ち上がろうとしたが、バプジの教えはまだ終わっていなかった。

「おまえにもう一つ課題を与えよう。この課題で、その短い鉛筆を使い切ってしまうかもしれないね」

バプジの目がいたずらっぽく光っていた。

「無意識の暴力」に気づきなさい

バプジが出した課題は、「暴力の樹形図」を書くというものだった。自分の行動がたくさんの物事に影響を与えているということを、私に理解させたかったようだ。

この樹形図には、二本の太い枝がある。一本は「肉体的な暴力」、もう一本は自分では手を下さない「無意識の暴力」だ。これから毎日、自分や周りの人の行動を観察して、

ものを粗末にするのは、
ただの悪い習慣ではない。
それは周りの世界のことを
まったく気にかけていない証拠だ。
自然に対する暴力なんだよ。

この樹形図に枝を足していくのだ。

たとえば、私が誰かを殴ったり、誰かに石を投げたりしたら、「肉体的な暴力」の枝から新しい枝を伸ばす。一方で、差別、抑圧、ものを粗末にする、強欲などに気づいたら、「無意識の暴力」に新しい枝を足していく。バプジは私に、無意識の習慣や思い込みの中に潜む暴力にも気づいてもらいたいと思っていた。


それから何日かかけて、私はこの樹形図作りにかなり熱心に取り組んだ。そしてできあがると、自信満々でバプジに見せにいった。肉体的な暴力の枝がかなり少ないのが私の自慢だった。「怒りをコントロールすることができるようになったよ！」と、誇らしげに報告したものだ。

バプジはうなずいた。そして二人で、無意識の暴力の枝のほうを一本ずつ見ていった。

「世界に存在する肉体的な暴力は、無意識の暴力が燃料になっているんだ」

そうバプジは説明してくれた。

「肉体的な暴力の火を消したいのなら、まず燃料の供給を止めなければならないんだよ」

世界から貧困がなくならない理由

人間による環境破壊に注目が集まり、環境保護が叫ばれるようになるずっと以前から、バプジはこの問題に気づいていた。一部の人間が資源を使いすぎることが、貧富の格差を生んでいると訴えていた。

物質主義そのものが悪いのではない。知性と思いやりのある物質主義なら、すべての人が不自由のない生活を送る助けになるかもしれない。しかし、自分勝手な資源の無駄づかいは、深刻な格差を生み出してしまう。

バプジの時代から現代までの間に、貧富の格差はむしろ拡大している。世界でもっとも裕福な一パーセントの人々が、全世界の富の半分以上を独占しているのだ。彼らはまるで当然の権利のように、欲しいものを貪欲に手に入れ、いらなくなったら捨てている。

「世界から貧困がなくならないのは、人間の欲深さと、ものを粗末にする習慣のせいだ」

バプジはそう私に言い聞かせた。

バプジはどんなものでも粗末にしない人だった。短くなった鉛筆も大切に使った。そんなバプジには、現代の使い捨て文化はとても理解できないだろう。私たち現代人は、いらなくなったら捨てるのが当たり前になっている。そして、資源の無駄づかいがもたらす結果が見えなくなってしまっている。

アメリカでは、消費者が買った食べ物のうち、実に三分の一が捨てられているという。売れずに捨てられる食べ物はそれよりもさらに多い。年間で廃棄される食料の総額は、一六〇〇億ドルにもなる。

その一方で、世界では何百万人もの子供が、お腹を空かせたまま眠っている。私の祖父は、世界にたった一人でも目に涙を浮かべている人がいるかぎり、人道問題は終わりではないと言っていた。どんな社会であっても、そこに暮らすすべての人が安心と安全を手に入れてなければ、社会全体の安心と安全は達成できない。

過剰な消費や、ものを粗末にする習慣をやめれば、結局はゴミになってしまう食べ物に使われる巨額の輸送費を節約することができる。さらにそれらの食べ物を、本当に必要としている人のところに届けられるようになるだろう。

私も最初のうちは、バプジがなぜあそこまで短い鉛筆にこだわったのか不思議だった。きちんと理解できるようになったのは、もう少し大きくなり、世界に存在する貧富の格差に気づいてからだ。

一人ひとりの「小さな変化」が世界を変える

あなたはもしかしたら、自分の生活を少しばかり変えたところで、何も解決しないと思うかもしれない。

しかし、小さな行動であっても、積み重なれば大きな変化を起こすことができる。たとえば私は、いつもハンカチを持ち歩いているので、ティッシュやペーパータオルは使わない。これで紙資源を少しは節約できる。もちろんたいした違いはないかもしれないが、世界中の人が同じことをしたらどうなるか想像してみよう。

ある試算によると、アメリカに存在するすべてのアルミ缶をリサイクルに回すと、四〇〇万世帯分の電力を生産でき、八億ドルも節約できるという。ビールの空き缶を資源ゴミに出すだけで、これだけのことができるのだ！

また別の研究では、環境に配慮している人は、幸福度も上がるという結果になった。

今ではリサイクルは一般的になり、たいていの自治体にリサイクルプログラムが存在する。買い物にエコバッグを持っていく人や、ペットボトルの飲料を買う代わりに水筒を持ち歩く人も増えた。

現代はグローバル化社会なので、なおさら一人の行動が貧しい人に影響を与えることができる。地球温暖化や食糧不足といった大きな問題であっても、小さな行動が大きな結果を生むという基本原則は同じだ。

まだ着られる服を手放すなら、ただゴミに出すのではなく寄付する。最近では、インドの村にいる裸足の子供が、大リーグやアメリカンフットボールのチームロゴが入ったTシャツを着ているのも珍しくない。これらは、地球の反対側に暮らす人たちが寄付した服だ。

バブジは、個人にも世界を変える力があると信じていた。とはいえ私は、自分一人の力ではどうにもならないとあきらめてしまう人の気持ちも理解できる。

たとえば地球温暖化の問題では、科学者が予測した最悪のシナリオよりも、さらに速いペースで温室効果ガスが増え続けているという。このままでは、近いうちに取り返しのつかないことになるだろう。しかし、そうは言っても、自分一人が気をつけたところで、いったい何の役に立つのだろうか？　問題のいちばん大きな原因は、大企業や航空機や自動車だというのに。

おそらくこの問題については、バブジのお母さんの言葉がいちばん参考になるだろう。

彼女は正式な教育はまったく受けたことがなかったが、息子のバプジに大切な知恵を授けた人だ。

古代インドやギリシャでは、すべての物質は小さな原子でできていると考えられていた（この考えは、後に科学で証明されている）。バプジのお母さんも、この古代インドの教えを知っていた。そして息子に、「原子は宇宙と同じだよ」と教えたという。

つまり、**私たち一人ひとりの行動が、大きな世界の姿を決めている**ということだ。自分の周りを大切にしていれば、世界全体をよりよい場所にすることができる。

「買う」より「創造」で心は満たされる

バプジはほとんど何も持たない人だった。小さな机と、紙と鉛筆さえあれば、人々に影響を与え、世界を変えることができた。

ひるがえって現代の私たちは、ありとあらゆるものを買い集めているが、どう活用したらいいかわからず、結局もてあましている。家の片づけだけで一大産業になっているほどだ。片づけ本やコンサルタントによると（そう、片づけコンサルタントという職業まで存在するのだ！）、片づけの最初の一歩は、いらないものを捨てることだという。

しかしここで、ある重大な疑問が浮かんでくる。そもそも、なぜいらないものを買ったりしたのだろうか？

何かを買うと、それが靴であっても、ソファであっても、ダイヤの指輪であっても、買った瞬間はいい気分になれる。しかし、そのいい気分は長続きしない。すぐに新鮮味がなくなり、また新しいものが欲しくなる。買ったときのいい気分をまた味わいたくなる。

どんなにものを集めても、心の中の空白を埋めることはできない。**次々と買って、次々と捨てる生活よりも、何かを創造する生活のほうが、ずっと心が豊かになる。**

私が子供時代を過ごした南アフリカの家は、トタンと木でできていた。長年使っているると、あちこちに穴が空いてくる。家の基礎の部分に大きな穴ができたときは、父親が修理しても、すぐにまた穴ができてしまった。家には電気も来てなかった。それにヘビの多い地域だったので、よく穴を通ってヘビが家の中まで入ってきたものだ。だから、夜にトイレに行くときは、いつもビクビクしていた。

そしてついに、新しい家を建てることになった。父が砂とセメントを持ち帰ると、一家総出で家の資材にするコンクリートのブロックを作った。私たちはみんな大喜びだった。自分の作ったブロックで家を建てることができるからだ。家が完成するまでに丸一年もかかってしまったが、新居に引っ越したときは達成感でいっぱいだった。

悲しいことに、私たちが引っ越したその同じ月に、バプジの妻が亡くなった。そこで父は、お祖母さんの名前を取って、新しい家を「カストゥルバの家」と呼ぶことにした。私はその家がとても誇らしかった。自分も家造りに参加したからだ。

人の価値は「持っているもの」では決まらない

バプジはものをたくさん持っていなくても、世界を変えることができた。そして私たちも、バプジと同じことができる。

実を言うと、私も以前に、高価なものを使って自分を大きく見せようとしたことがある。あれはバプジが亡くなった後、当時のネルー首相から自宅での朝食に招かれたときのことだ。

ネルーとバプジは、インド独立を目指して戦った同志であり、お互いに大きな敬意を持っていた。バプジは、ネルーが独立インドの初代首相になるのをとても喜んでいた。バプジが暗殺されると、ネルー首相はインド国民に向けて感動的なスピーチを行い、「われわれの人生から光が消え、あたり一面が暗闇になってしまった」という言葉を残している。

首相の仕事で忙しかったとは思うが、それでもネルーは、バプジの死後も私たち一家のことを気にかけてくれた。そのことに感謝していた私は、朝食の招待もありがたく受けた。ネルーの娘のインディラとその夫も、朝食に同席するという。

当時の私は車を持っていなかったので、タクシーで行くことにした。庶民が乗る、ごく普通のタクシーにするつもりだったが、ビジネスで成功していた叔父は、首相との朝食なのだからそれはまずいと言い張った。そして、自分の会社のリムジンを私のために手配し、運転手までつけてくれた。

私が到着したとき、朝食の席にネルーはいなかった。インディラに尋ねると、ネルーは食べるのが早く、他の人が食べ終わるのをじっと待つのがイヤなので、食事にはいつも遅く来るのだという。

朝食の席で、私たちは祖父の思い出話に花を咲かせ、政治情勢について語った。当時ネルーは、外交政策と教育に力を入れていた（その後、インディラも父親と同じ道に進み、インド首相を二期務めることになる）。

朝食が終わると、私はネルー首相と外に出て、お互いの迎えの車を待ちながら会話を楽しんだ。

すると、ネルーの車が先に来た。ごく普通の小さな車だ。そしてそのすぐ後ろには、私の巨大なリムジンが控えている。

ネルーは私の祖父の価値観をとてもよく知っていたので、びっくりした顔で私を見て、こう尋ねた。

「あんなに大きな車で恥ずかしくならないのかね？」

「いいえ、恥ずかしくはありません」と私は答えた。「あなたは自分の車ですが、私はただの借り物ですから」と。

そして、二人で顔を見合わせ、声を出して笑った。**人の価値は、持っているものでは決まらない**。二人ともそれがよくわかっていた。ネルー首相の価値を決めるのは、車の大きさではなく、彼の思想が持つ力だ。そして、叔父の会社が所有するリムジンは、たしかに豪勢な車だが、それに乗っている私が偉くなるわけではない。

「命」を粗末にする人たち

バブジが言っていた資源の無駄づかいは、問題の始まりにすぎない。恐ろしいことに、私たち人間は、自分の力を誇示するために他の生き物の命を奪うことさえある。たとえば裕福な狩猟愛好家たちは、わざわざアフリカまで出かけ、ヒョウやライオンや象などの美しい動物を、ただ楽しみのために殺している。

たとえば、二〇一五年には、ミネソタ州の歯科医が、セシルと呼ばれる黒いたてがみが美しい有名な雄ライオンを殺し、世界中から非難の声が上がった。セシルはジンバブエにとって国宝のような存在だった。

しかし、セシルを殺した歯科医は、何の罪にも問われなかった。彼の行動は、すべて合法だったからだ。彼はこの狩猟ツアーのために大金を払い、あの美しい動物を殺す権利を手に入れたのだ。

アフリカの貧しい国の中には、このようなサファリツアーが重要な収入源になっているところもある。しかし、だからといってこんな残酷な行為が許されるわけではない。貧しい国の弱みにつけ込み、その資源を搾取《さくしゅ》するのは、もっとも暴力的な無駄づかいの一つと言えるだろう。

そして、もっとも悲しい無駄づかいは、まるで私が鉛筆を捨てたときのように、人の命を粗末にするという行為だ。

一九七一年のある日、妻と私がボンベイ（現在のムンバイ）の雑踏を歩いていたときのことだ。ボンベイは当時から国際的な大都会で、人々が忙しく行き交うかたわらで、道に座って物乞いをする人もたくさんいた。食べ残しなどが道に無造作に捨てられ、いずれ腐って虫がたかるようになる。私は何か汚いものを踏んでしまいたくなかったので、ずっと下を見て歩いていた。

そのとき、布に包まれたものが目に入った。近づいてよく見てみると、それはもぞもぞ動いていた。

私は妻のスナンダを呼び、大勢の人が行き交う道路で、その「何か」を包む布を注意深くはがしていった。中から出てきたのは、すっかり弱っている女の赤ちゃんだった。生まれたばかりで、おそらく生後三日もたっていないだろう。

私たちは、事情を知っている人はいないかと、あたりを見渡した。しかし、誰もこちらには見向きもしない。警察に電話をするために近くの店に駆け込んだが、警察はすぐにやってこなかった。彼らにとってこれは、特に緊急事態ではないからだ。後から警察に聞いた話によると、捨てられた赤ちゃんが見つかるのはよくあることだという。

警察は妻から赤ちゃんを受け取ると、国が運営する孤児院に連れていくと言った。当時、私は『タイムズ・オブ・インディア』紙の記者をしていたので、一緒に行ってもいいかと尋ねてみた。特に歓迎されているようではなかったが、それでも許可はもらえた。

どんな惨状《さんじょう》でも、毎日のように見ていたら、そのうちに何も感じなくなってしまうのだろう。しかし、あの孤児院で目にした光景は、あまりにも衝撃的だった。親を亡くした子供、捨てられた子供が何十人も暮らしているのだ。

警察の話によると、孤児院も親や親族を探す努力はしているそうだが、いかんせん数が多すぎるので、見つかる確率は五パーセント以下だという。

子供たちは苦しみ、ときには死んでしまう子もいる。私たちが見つけたあの女の赤ちゃんは、この先いったいどうなるのだろうか。孤児院で働く女性の説明では、栄養失調の赤ちゃんの場合、男の子よりも女の子のほうが生き残る確率が高いという。

とはいえ、たとえ生き残ったとしても、孤児院に暮らす子供たちに、それほど明るい未来があるとは思えない。スタッフは低賃金で働かされ、施設のお金や、子供のための食べ物を盗むこともある。ここは政府が運営する孤児院なので、ある程度の監督は行われているが、小さな町や村の孤児院では、子供の死亡率が八割近くになるという。たとえ生き残れたとしても、一八歳で施設を出なければならない。頼る人がまったくいない状態で世の中に放り出されてしまう子供もたくさんいる。少女の多くは売春婦に、少年の多くはギャングになるしかない。彼らは小さな犯罪を積み重ね、やがて大きな犯罪に手を染めるようになるのである。

バプジは私に、「ものを粗末にするのは暴力だ」ということを教えてくれた。鉛筆の一件で私にわからせようとした「無意識の暴力」とは、まさにこういった若い命を粗末にすることを言うのだろう。

小さな行動が、いずれ世界を変える

孤児院の惨状を知ったからには、もう何もしないわけにはいかなかった。それから私は、たくさんの孤児院やシェルターを訪問した。

ある施設で、西洋人の夫婦がインド人の赤ちゃんを抱っこしているのを目にした。話しかけてみると、夫婦はスウェーデン人で、抱っこしている赤ちゃんを養子にもらうために、複雑な法手続を始めたところだという。

彼らの紹介で、レイフという男性と知り合うことができた。彼はすでにインド人の赤ちゃんを養子にしていて、この夫婦にもさまざまな助言を与えていた。レイフの話では、悪徳業者が養子縁組に介入し、不当な利益を得ることがよくあるので、何らかの対策が必要だという。

レイフとはその後も連絡を取り合った。スウェーデンにはインドから養子をもらいたい人はたくさんいるが、誰か信頼できる人に間に立ってもらう必要がある。そこでレイフから、私にその役をやってもらえないかと打診があった。きっとバプジなら、私が引き受けることを望むだろう。

それから数十年の間に、妻と私は一二八人の赤ちゃんに新しい家族を見つけた。主にスウェーデン人やインド人だが、フランス人家族に引き渡したことも一度あった。

養子をもらった家族のほとんどは、言葉にならないほど喜んでいた。あるインド人の女性は、自分は子供を産めない体だということがわかり、養子をもらうことにしたという。そして私たちの仲介で女の赤ちゃんを引き取った。彼女も夫も大喜びで、私たちがまるで聖人か何かのように感謝してくれた。

そして数カ月後、彼女が予想外に妊娠したと知った。検査の結果、胎児は健康で、男の子だという。

私たちはそれを純粋に喜んだが、同時に少し心配でもあった。インドでは男尊女卑《だんそんじょひ》が根強く残り、家庭内でも男の子のほうが優遇される。そのため、あの養子になった女の子は、養子であるということ、さらに女の子であるということで、二重のハンディを背負うことになる。あの子は家庭内でないがしろにされるのではないか、それどころか虐待を受けたらどうしようと気をもんでいたのだ。

そこで両親と率直に話し合い、女の赤ちゃんをこちらに戻してもかまわないと伝えた。

母親はそれを聞くと、「あの子は宝物です！」と訴えた。

「あの子がわが家に幸運を届けてくれたのです。私たちはあの子を愛しています。あの子を手元に置いておくためならどんなことでもします」

彼女も夫も涙を流していた。私たちはそれを見て、二人の気持ちは本物だと理解した。

たしかに世界には、無駄づかいや暴力があふれているが、たくさんの善意も存在する。

私たちはそのことを忘れてはならない。その夫婦との交流はずっと続き、妻と私も二人の子供の成長を見守ることができた。

養父母になった人の多くは、その後も私たちと連絡を取り合い、よく子供の写真を送ってくれた。例外は、パリに住むフランス人の夫婦だ。彼らは女の赤ちゃんを引き取ると、私たちとの関係を一切断ってしまった。手紙を書いても、返事はまったくない。しばらくすると私たちもあきらめ、ただ彼らの幸福を祈ることにした。

それから二〇年あまりたったある日、非暴力のためのM・K・ガンジー協会を通じて、フランスに住むある女性から連絡があった。彼女が誰だか見当もつかず、私にどんな話があるのかもわからなかった。再び電話をしてきた彼女は、ぜひ折り返し電話が欲しいとメッセージを残していた。

そこで彼女に電話をしてみた。電話の相手は若い女性で、ソフィーという名前だった。赤ちゃんのころに養子にもらわれたのだが、両親は詳しいことをまったく教えてくれなかったという。彼女が尋ねても、「うちに来る前のことは重要ではないの。忘れてしまいなさい」と言われるだけだった。

二六歳になったソフィーは、父親の古い書類の中に養子縁組の書類があるのを偶然見つけた。そこには、私の名前と、彼女が生まれた日付が書かれていた。そこで彼女は、私が実の父親かもしれないと考えた。たとえそうでなくても、自分の過去について何か知っているはずだ、と。そこで私の名前をグーグルで調べ、連絡先を突き止めたという。

そこまで聞いて、はたと思い当たった。この女性は、あのフランス人夫婦にもらわれていった女の赤ちゃんではないだろうか。

私たちの会話は一時間以上も続いた。彼女の過去について、知っていることをできるかぎり伝えると、彼女はその間ずっとすすり泣いていた。

私に答えられない質問もたくさんあった。彼女に関する書類が手元になかったからだ。スナンダと私がインドで住んでいた家は、一〇坪ほどの広さしかなかったので、書類をすべてとっておくことができなかった。

その週が終わるまでに、ソフィーからさらに三回の電話があった。そして、実際に私に会いたいと言ってきた。当時私が住んでいた、ニューヨーク州のロチェスターまで来るという。そして二日後、ソフィーは泣きながら電話をしてきた。航空券が予想外に高く、とても買えないとわかったからだ。

しかし、人生は思いがけない幸運を届けてくれることもある。ちょうどそのとき、私は講演を行うために、スコットランドに一週間ほど滞在する予定だった。パリからスコットランドなら、アメリカよりも安く来られるはずだ。

そうやって私たちはエディンバラで再会し、一週間かけてお互いのことをよく知るようになった。ソフィーは私のことを「心のお父さん」と呼ぶようになり、今でも連絡を取り合っている。彼女という新しい子供が増えたことを、私はとても嬉しく思っている。

何年か前には、スウェーデンにもらわれていった孤児たちの同窓会を開いたことがある。一〇代になっていた彼らの多くも、やはり実の両親のことを知りたがっていた。「学校に行くようになると、友達はみんな、自分の目の色は誰譲りで、髪の色は誰譲りだと話していました」と、子供たちの一人が私に話してくれた。

「でも私たちは、自分の本当の両親を知りません。どこが母親譲りで、どこが父親譲りかわからないんです」

私はそれまで、自分と両親が似ているところについて、深く考えたことはなかった。当たり前のことととして受け取っていたからだ。しかし、彼らのように自分の過去と切り離されると、そういったこまかい情報がとても大切になるのだろう。

とはいえ、ソフィーのときと同じように、残念ながら資料がすべて失われてしまっていた。そもそも最初からあったかどうかも怪しかった。だから、彼らの実の両親を見つけるのはかなり難しいだろう。

「でも、一つ覚えておいてほしいことがある」と、私は集まった子供たちに言った。

「みんなの両親は善意からきみたちを孤児院から救い出した。ずっとあの孤児院にいたら、おそらく今の年齢まで生きられなかっただろう。今のきみたちは、両親に愛され、幸せに暮らしている。それでも、私たちの判断が間違っていて、きみたちの人生を台無しにしたと思うなら、どうか許してもらいたい」

子供たちは立ち上がり、一人ひとりスナンダと私を抱きしめた。全員が涙を流していた。一人の子供が、妻と私を「お祖母さん」「お祖父さん」と呼んでもいいかと尋ねたので、私たちはもちろんと答えた。

そのとき、一人の女の子が嬉しそうに言った。

「これで問題解決ね！　だってこれからは、自分はお祖父さんとお祖母さんに似ているって言えるもの！」

あれから何年かたち、私たちはまたスウェーデンで同窓会を開いた。子供たちはもう大人になり、ほとんどは結婚して子供ができていた。私は立派になった彼らの姿を見ながら、どんな子供も大切な存在だということをしみじみと考えていた。

すべての行動は、後から何倍も大きくなる。妻と私の小さな行動が、ここまで大きな結果につながるとは、当時は想像もしていなかった。

ときに私たちは、「世界には七〇億もの人がいる。自分一人が何をしても変わらない」という言い訳に逃げてしまいたくなる。暴力があふれている時代に生きていると、平和は手の届かないところにあるように感じてしまうかもしれない。

しかし、私たちはみな、巨大なネットワークによってつながっている。

バプジが私に鉛筆を探しに行かせたのは、「自分が世界で見たいと思う変化に、自分がなりなさい」という教えを理解させるためだった。

もしあなたが、この世界にある問題に不満や疑問を感じているのなら、まずはその考えをきちんと表明しなくてはならない。

「本当に大切なこと」だけに心を向ける

バプジはどんなものでも粗末にしなかった。とはいえ、そんなバプジから見ても、「価値のないもの」は存在する。

あれは、私がバプジのアシュラムで暮らしていたころのことだ。バプジのところには、毎日のようにたくさんの手紙が届いていた。その手紙がいっぱい詰まった袋を受け取り、それぞれ封を切るのも私の仕事の一つだった。

それは重要な任務だった。封筒をきれいにはがして解体し、裏返してまた封筒を作るのだ。そうすれば、紙を無駄にすることなく、返事を書くことができる。当時はまだリサイクルという発想はなかったけれど、バプジが私に与えた仕事は、まさにリサイクルそのものだった。

当時、バプジはインド独立運動の中心にいた。独立には、いろいろと厄介な問題もつきまとう。一九三一年、インドの未来を話し合う円卓会議に出席したとき、バプジはイギリスの役人から分厚い封筒を受け取った。

その夜、バプジは封筒を開けて中の手紙を読んだ。手紙の内容は、誤解や中傷ばかりだった。しかも紙いっぱいにぎっしり書かれているので、返事を書くのに使えそうな余白もない。そこでバプジは、分厚い手紙をすべて捨ててしまった。

翌朝、バプジはあの役人に会うと、手紙の感想を尋ねられた。

「あの手紙の中で、もっとも大切なものを二つだけとっておきました」とバプジは答えた。「封筒と、便せんをとめていたクリップです。あとは全部ゴミなので捨ててしまいましたよ」

私たちはみなこの話を聞いて笑ったが、ここには深い真実も隠されている。バプジは、「精神の無駄づかい」も嫌っていた。**本当に大切なことを考えず、どうでもいいことに思考を使ってしまうのが「精神の無駄づかい」**だ。バプジには、くだらない誹謗中傷に付き合っている時間などなかったのだ。

バプジがもう少し長く生きていたら、いったいどんなことができただろうと考えることがある。バプジはいつも、すべての時間を有効に使うことを心がけていた。本当に大切なことだけに時間を使うようにしていた。

自分がいつまで生きるかは誰にもわからない。バプジにはそれがよくわかっていたので、時間を一秒たりとも無駄にしなかった。究極の無駄づかい、もっとも破壊的な無駄づかいとは、自分の時間を浪費することだろう。

アシュラムで暮らしていたとき、私はバプジに言われて、一日の詳細なスケジュールを書いていた。朝起きてから、夜寝るまで、すべての時間でやることが決まっていた。バプジはよく、「**時間はいちばん貴重な資源だ。決して無駄にしてはいけない**」と言っていた。今では私も年を取り、その言葉の意味を日々実感しながら生きている。

時間はいちばん貴重な資源だ。
決して無駄にしてはいけない。

レッスン7

子を育てるということ

アシュラムでバプジと過ごした日々をふり返るたびに、バプジの暖かさと賢さ、それに優しい笑顔を思い出す。バプジはいつも愛情にあふれ、辛抱強く私を導いてくれた。

ある日、アシュラムの近所に住む夫婦が、六歳の息子を連れてバプジを訪ねてきた。息子の名前はアニルという。甘いお菓子を食べすぎるせいで体の具合が悪くなり、医者にお菓子を少なくするように言われたそうだ。

でも、アニルはキャンディが大好きで、親の目を盗んでこっそり食べていた。そして、ますます体の具合を悪くしていた。両親はついに音を上げ、バプジから息子に言い聞かせてほしいとお願いにきたのだ。

話を聞いたバプジは、「二週間後にまた来てください」と答えた。

母親は不満げだった。なぜそんなに待つ必要があるのかわからなかった。

二週間がたち、またその親子がやってくると、バプジはアニルを近くに呼び、耳元で何かささやいた。そして二人はハイタッチをした。

それからアニルは、甘いお菓子をきっぱりとやめ、きちんとした食事を取るようになった。

子に期待する姿に、あなた自身がなりなさい

母親は、息子のあまりの変わりように驚いた。アニルがすっかり健康になると、バプジが魔法を使ったに違いないと確信し、またアシュラムにやって来て、いったい何をし

たのかとバプジに尋ねた。

「魔法でもなんでもありませんよ」と、バプジは笑顔で答えた。

「アニルにお菓子をやめるように言う前に、まず自分がやめる必要があったのです。二度目に来てもらったときに、アニルにこう言いました。

「私はこの二週間、甘いお菓子をまったく食べなかった。今度はきみも挑戦してみてくれるかな？」

これがバプジにとっての「教育」だった。世間一般が考える「教育」とは、かなり違うかもしれない。


バプジの考えでは、子供は教科書よりも、むしろ教える大人の人格や行動から学ぶことのほうが多い。だから、「私の言う通りにしなさい。でも私の行動を真似してはいけません」という教育方針には真っ向から反対していた。

子供に何かをさせたいのであれば、まず自分がそれと同じことをしなければならない。バプジは親や教師たちに、**「子供に学んでほしいことを、あなた自身が実際に行いなさい」**とアドバイスしていた。

私自身、バプジの行動や考え方に直に触れることができたのが、やはりいちばんの勉強だった。バプジは優しく、辛抱強い先生だった。みんなのお父さんやお祖父さんのような存在で、誰もがバプジをお手本にして学んでいた。

バプジは、自分がお手本になって人々を導いた。現代の親たちも、バプジのやり方に学ぶところは大いにあるだろう。

たとえば、多くの親は、子供のゲームやテレビ、スマホの時間を制限したいと思っている。

しかし、親自身の行動を見てみると、家族と過ごす時間にスマホに夢中になっていたりする。

そんな親を見た子供が学ぶのは、スマホなどの電子機器は他の何よりも大切なのだということだ。少なくとも、「子供であるあなたよりもスマホのほうが大切だ」というメッセージは、間違いなく伝わってしまう。

自分では菓子パンや砂糖たっぷりのシリアルを食べながら、子供には野菜や果物を食べなさいという親を見ると、私はやれやれとため息をつきたくなる。

子供は親の言うことを聞くのではない。親の行動を見て学んでいるのだ。

子供に学んでほしいことを、
あなた自身が実際に行いなさい。

「暴力によるしつけ」は悪い結果しか生まない

バプジのアシュラムに行くまで、私は先生にまったく恵まれず、ひどいお手本ばかり見せられていた。

当時の南アフリカでは人種差別が公然と行われていて、私のような非白人の子供が通える学校は多くなかった。

六歳になったころ、両親がカトリックの修道会が運営する学校を見つけてきた。そこは非白人の子供を受け入れていたのだが、家から三〇キロほども離れた街にあった。

私は、六歳上の姉のシータと一緒に、その学校に通った。毎朝五時に起き、急いで身支度をすませ、長く過酷な通学の旅に出発する。

サトウキビのプランテーションの中を一キロ半ほど歩いてバス停まで行き、そこから六キロあまり先にある列車の駅までバスに乗る。

列車で学校の最寄り駅まで行くと、そこからまた徒歩で学校まで三キロの道のりを歩いて行く。そして一日の授業が終わると、また同じ道を帰っていくことになる。

校長先生のシスター・レジスは、権威的で厳しい人だった。授業は朝の八時二〇分に始まる。その時間までに教室に入っていないと、校長室に呼び出され、ピカピカに磨かれた校長先生の杖で叩かれることになる。姉と私は、校長室でのお仕置きの常連だった。何回叩かれたかは、もう思い出したくもない。

私たちはバスと列車に乗らないと学校に通えず、どちらか一つでも遅れたら、どうしても始業時間には間に合わない。

シスター・レジスもその事情は知っていた。私たちの遅刻は寝坊したわけではなく、それに授業も真面目に受けていた。だからあの体罰は理不尽であり、何の意味もない。それでも校長先生は、決まり通りに私たちを叩くのをやめなかった。

私にとって、体罰は何の効果もなかった。叩かれたからといって、それで遅刻が減ったわけではない。むしろ学校や先生が大嫌いになっただけだ。

最近の心理学の研究によると、体罰を受けた子供は、暴力的な大人になる確率が高くなるという。

私自身の経験から言えば、その研究はたしかに正しい。シスター・レジスに叩かれた後の私は、肌がヒリヒリと痛み、無力感にさいなまれ、激しい怒りを覚えていた。とにかく自分も誰かを殴りたくてたまらなかった。**大人が子供を叩くのは、暴力の負の連鎖**

につながるだけであり、いいことは一つもない。

それから長い年月がたち、アメリカのメンフィスで教師を対象にしたワークショップを開催したときのことだ。参加した教師たちが、子供のしつけでいちばん効果があるのは体罰だと口々に発言し、私はショックを受けた。

ある女性教師によると、生徒を叩いてしつけていれば、いずれ生徒は自分を恐れるようになるので、そこから先はにらみつけるだけでおとなしくなるという。

彼女自身は、自分の教育法に自信を持っているのかもしれない。しかし、シスター・レジスのときと同じで、長期的に見れば悪影響しかない。

暴力で指導していると、言うことを聞かせるためにどんどん暴力がエスカレートする。暴力をふるうのは、相手を尊重していない証拠だ。子供たちは人間性を否定されて育つことになる。

まさかアメリカの学校で、この種の体罰が許されているとは思ってもいなかった。それよりもさらに驚いたのは、現在でも一九の州が体罰を容認しているということだ。ある調査によると、一日に二〇万人の子供が、学校で何らかの体罰を受けているという。

体罰は断じて「しつけ」ではない。これは、子供に対する紛れもない「暴力」だ。教師や校長といった権威ある大人が、自分の不満のはけ口として、子供に暴力をふるっているだけだ。親や教師にとって、体罰は一種の逃げだ。自分が弱く、もっと効果的な方法を知らないために、体罰に逃げているだけだ。

恥をかかせる教育は、心に深い傷を残す

しかし、問題は体罰だけではない。体罰はしないと決めている親でも、同じくらい害になる方法で子供をしつけていることがある。

先日、とても悲しい話を聞いた。ある十代の子供が、「わたしはいじめっ子です。いじめっ子が嫌いな人はクラクションを鳴らしてください」と書いた紙を首から下げ、家の外に立たされていたというのだ。

私に言わせれば、親のその行為こそ、本物のいじめだ。自分より弱い立場にある人に、恥ずかしいことを無理矢理やらせる――これがいじめでなくて、何だというのだろう。

子供に恥をかかせるのは、精神的な暴力だ。子供の心に深い傷を残す。

ある父親は、一三歳の娘がクラスの男の子に「きわどい」写真を送ったのを知り、罰として娘の長い髪をばっさり切ってしまったという。

父親はその一部始終を撮影し、ユーチューブに投稿した。ビデオには恐怖に震える女の子が映っていて、「これでこりただろう！」と叱りつける父親の声が聞こえる。

それから間もなくして、女の子は橋から飛び降りて自殺した。

十代の子供の自殺には、さまざまな原因があるだろう。しかしあの父親は、娘に言った「これでこりただろう！」という言葉を、今では自分に向けているに違いない。

「叱る」のではなく、「一緒に考える」

バプジは非暴力の子育てしか信じていなかった。それは、ただ単に体罰を与えないだけではない。家庭内を「愛」と「尊敬」の気持ちで満たし、家族が共通の目的を持つこと。それが非暴力の子育てだ。

子供が親の決めた規則に反すると、親はつい上から命令してしまう。「ここは親の家なのだから、ここに住んでいるかぎり私たちの言うことを聞きなさい」というように。

しかし、こうした言葉は「争い」と「敵意」のメッセージを子供に送ってしまう。親と子供が、違う立場で対立している構図だ。

非暴力のアプローチでは、親子で問題を共有し、お互いに協力して助け合うことを目指す。そのためには、もし子供が規則を破ったら、親は、自分のやり方がまずかったからだということを受け入れなければならない。

私自身、非暴力の環境で育てられたが、一六歳ごろのある出来事で、非暴力が持つ本当の力を実感することになった。

ある日のこと、父親が会議に出席するために街へ出かけるという。そこで私が車で送っていった。

父親が会議に出ている間、私は買い物などの家の用事をすませることになった。

田舎暮らしの私は、街へ行くことなどめったになかったので、久しぶりの都会にワクワクしていた。街の映画館でアメリカの映画を観たいが、両親はきっと許してくれない。

そこで、用事を早くすませてこっそり観にいこうと計画した。

朝、会議の場所で父を降ろし、午後五時に同じ場所に迎えに来ると約束した。母からは、買い物とちょっとした用事を頼まれていた。父からも、車を整備に出してオイル交換をすることを頼まれていた。

私は記録的なスピードですべての用事をすませると、車を整備に出し、午後二時から始まる映画を観にいった。座席に深々と腰かけ、自分の段取りのよさにわれながら感心していた。

ジョン・ウェインの映画が始まると、私はスクリーンに釘付《くぎ》けになった。想像していた通りのおもしろさだった。

映画は三時半に終わったが、どうやら二本立てだったようで、すぐに違う映画が始まろうとしていた。私は素早く計算した。最初の三〇分くらいだけを見て出れば、父親と約束した時間に間に合うだろう。

とはいえ、予想はできたことだが、私は映画にすっかり夢中になり、結局最後まで観てしまった。終わった時間は五時半だった。

大変だ！　整備工場へ行って自動車を受け取ると、急いで会議の場所へ向かった。約束の場所に着いたときは六時を回っていた。

父は私を見てほっとしていた。何かあったのではないかと心配していたからだ。

父は「なんでこんなに遅くなったんだ？」と、車に乗りながら尋ねた。私は正直に答えるのが恥ずかしかった。暴力的な西部劇に夢中になって時間を忘れてしまったなんて、とてもじゃないが言えやしない。

あのネルーとオムレツの一件を覚えている人なら、まさか私がまたウソをつくとは思わないだろう。しかし、自分をよく見せたいという欲求は、ときにどんな良識よりも大きな力を持つ。私は素早く考え、「車の整備が終わってなかったんだ」と答えた。

しかし、それを聞いた父の顔がみるみる曇っていった。

「整備工場に電話したときは、そんなことは言っていなかったよ」

それから父は口をつぐんだ。どうするか考えていたのだろう。そして静かに首を振った。

「今日、おまえがウソをついたのはとても残念なことだ。でも、これは私の責任だ。親として、真実を言う勇気と自信をおまえに与えられなかったのだから。だから自分への罰として、家まで歩いて帰ることにするよ」

父は車のドアを開けると、外に出て歩きはじめた。私もすぐに飛び降り、走って追いかけて謝ったが、父は歩き続けた。もうウソは絶対につかないと約束し、なんとか歩くのをやめさせようとした。

しかし、父はただ首を振ってこう言った。

「どこかで私の教育が間違っていたんだ。今こうして歩きながら、おまえに真実の大切さを教える方法を考えることにするよ」

私は胸がつぶれる思いだった。とにかく走って車に戻った。家族の車をそのまま放置しておくわけにはいかないからだ。それでも、父が暗い夜道を歩いているのに、自分だけ先に車で帰るわけにはいかない。ヘッドライトで父の歩く道を照らしながら、のろのろ運転でずっと後ろをついていった。

結局、家に着くまでには六時間もかかった。父も歩くのは大変だったと思うが、私にとってあれはまさに拷問だった。自分のウソのせいで、父が目の前で罰を受けているのだ。父は私を叱るのではなく、自分で罪を引き受けた。

もし父が私を罰するほうを選んでいたら、どうなっていただろうか？

私は恥ずかしいと思い、罪悪感は持たなかっただろう。

そしてその恥ずかしさは反発につながり、私は何かで仕返しをしてやろうと思ったかもしれない――または、他人に八つ当たりしたくなったかもしれない。

父は、バプジから教わった非暴力の方針を貫き、**私を頭ごなしに叱るのではなく、問題を共有し、協力して解決するパートナーにしてくれたのだ。**あれはとても強烈な経験で、ずっと心に残っている。お説教や体罰よりもはるかに効果のある方法だ。

非暴力の子育ては受け継がれていく

多くの人は、自分が死ぬときに、何か物質的なものを遺産として家族に残す。お金や家、ダイヤの指輪などだ。しかし、**「価値観」も立派な遺産になる。**

子育ての方針や、子供に愛を与えること、または与えないことは、何世代にもわたって影響を残す。バプジもまた、自分の両親から「非暴力の子育て」という価値観を受け継いでいた。バプジが何か間違ったことをすると（すでに何度も見たように、ガンジーといえども完璧な人間ではない）、両親は愛情と理解を示し、導いていた。

バプジが父親に手紙を書いた話を覚えているだろうか。バプジがウソを告白する手紙を書くと、父親はそれを読んで涙を流し、息子を抱きしめた。バプジは後に、「父の涙によって私の罪が洗い流された」と書いている。

もしあのとき、父親がバプジを叩いていたら、または何か恥ずかしい思いをさせたり、罰を与えたりしていたら、バプジはまったく違う人間になっていたかもしれない。怒りっぽいガンジーや、復讐心に燃えるガンジーでは、世界にあそこまでの影響を与えることはできなかっただろう。

そう考えれば、子供を愛で育てるか、それとも怒りで育てるかは、世界中の何百万人もの人々の運命を決めると言っても過言ではないのかもしれない。愛、尊敬、思いやりの心一つで人間関係が変わるのなら、多くの家庭も変わることができるはずだ。そして多くの家庭が変われば、一つの国が変わり、全世界を変えることも可能だ。

子供に「愛している」と言うことなら簡単にできるだろう。でもバプジの両親は、「愛している」という言葉を使わずに、子供に無条件の愛を伝えていた。

彼らにとって、人生でいちばん大切なのは子供たちだった。だから、子供を重荷だと思うことも、子供のせいで何かを犠牲にしていると思うこともない。それを自分の行動で子供たちにわからせていた。バプジは、そんな両親の愛をつねに感じながら育った。

そしてバプジは、子供のころに受け取ったこの非暴力の種を、一生かけて大切に育てていったのだ。

子供がいる人は、子供のせいで自由な時間がなくなったと不満に思うのではなく、子供に最高の贈り物をあげよう。

それは、「あなたが私の人生でいちばん大切なものだ」というメッセージを、言葉だけでなく行動でも伝えることだ。

子供たちが、本当に求めているもの

最近は、「お金持ちで成功している」ことのほうが、「幸せで思いやりがある」ことよりもてはやされる風潮がある。

ほとんどの親は、子供の幸せがいちばんの望みだと口では言うだろう。しかし言葉とは裏腹に、子供が大きくなるにつれて、自分にも子供にもさまざまなプレッシャーをかけるようになる。

家族との時間や、愛と思いやりのあふれる家庭を築くことより、出世や稼ぐことが大切になる。子供に高価なおもちゃを買い与え、愛情の代わりにしようとする親もいる。

もちろん、家庭と仕事とのバランスを取るのは簡単なことではない。それに、家庭でも仕事でもすべてを手に入れようと奮闘する人たちの姿も素晴らしい。

しかし、ここで間違った価値観を持たないように気をつけなければならない。**大切なのは、目先の快楽ではなく、ずっと続く価値のほうだ。**

アメリカに移り住み、大学のキャンパスで暮らすようになった私と妻は、よく学生たちを自宅に招き、バプジの哲学を話して聞かせた。

妻はとても優しく、母性愛にあふれた女性で、集まった学生たちを抱きしめると、何か困っていることはないかと尋ねていた。

そんな折、ある学生が妻の腕の中で泣き出し、「自分の親からこんなふうに気にかけてもらったことなんて一度もない」ともらした。

この学生の両親も、子供のことは愛していたに違いない。しかし、自分のことで精一杯で、子供が本当に欲しがっているものに気づかなかったのだろう。

妻と私は、インドで子育てをしていたときに、夕食の時間は七時で、必ず家族揃って食べるという決まりを守っていた。そして娘もその決まりを受け継ぎ、夜の七時に家族みんなで食卓を囲んでいたという。それぞれにどんな用事があっても、夕食は必ず一緒に食べていた。

子供たちがまだ小さいころは、決まりを守るのは難しくなかった。しかし高校生にもなると、友達からなぜいつも早く帰るのか不思議がられるようになった。そこで娘は、子供の友達も夕食に招き、家族の伝統を体験してもらうことにした。

そうやって招かれた友達の一人は、私たち一家の夕食のようすを見て驚いていた。家族全員が揃い、その日の出来事や、お互いの考えなどを話していたからだ。その子にとっては、あれが生まれて初めての「家族の夕食」だったという。

その子の両親は共働きで、家族それぞれが自分の食事を作り、一人で食べていた。「家に帰ったら、冷蔵庫の中にあるものを適当に食べるの。他の家族が何をしているかなんて、誰も気にしていないんです」。その友達は、目に涙をためながら言った。私たち一家の家族愛を体験し、自分でもその愛が欲しくなったのだ。

子供は、自分が自立していることを証明したいので、親が近くにいるとわざとイヤそうなそぶりを見せる。

しかし本心では、親の愛と理解を何よりも求めているのだ。忙しすぎてかまってくれない親を持つ子供は、満たされない心を抱えて生きていくことになる。

「親の態度」が子に与える影響

バプジは、誰もが驚くような強い意志の持ち主だった。バプジが、意志の強さを初めて目の当たりにしたのは、まだ五歳にもなっていないときのことだ。

バプジの母親は敬虔《けいけん》なヒンドゥー教徒で、「誓いを立てる」という習慣を守っていた。誓いを立てるとは、たいていある一定期間、何かをあきらめることを意味する。バプジがまだ小さいときに、バプジの母親は「太陽を見るまで何も食べない」という誓いを立てた。

普通であれば、これはたいした問題にならないだろう。しかし、誓いを立てたのはちょうどモンスーンの季節だった。

バプジから聞いた話では、太陽が何日も続けて黒い雲に隠れていたとき、母親は楽しそうに家族の食事を作り、一緒に食卓を囲んでいたが、一口も食べなかったという。母親が苦しい思いをするのを見て、幼いバプジの胸は痛んだ。おそらくそれが、バプジが経験した最初の「共感」だったのだろう。

ある日の午後、バプジは窓辺に座り、早く太陽が出ますようにと祈っていた。すると突然、雲間から一筋の光が差した。バプジは興奮して母親を呼びに行った。しかし、母親が用事を終えて窓のところに来るころには、太陽はまた厚い雲に隠れてしまっていた。母親はただ、「神様はまだ食べないほうがいいと思っているみたいね」と笑顔で言っただけだった。

このような「誓い」は、現代の私たちから見ると奇妙に感じられるかもしれない。しかし、誓いを守る母親の姿は、間違いなくバプジに大きな影響を与えた。

後にバプジは、政治的な理由で長いハンガーストライキを行い、世界の注目を集めた。また、私がアシュラムにいたころ、バプジは毎週月曜日を沈黙の日と決めていた。そして自分の精神と欲求をコントロールするために、短い断食を行うこともあった。

バプジのこういった行動は、すべて母親から受け継いでいる。幼いころから母親の意志の強さに触れ、そしてバプジ自身も、大人になってから意志の強さで世界に影響を与えるようになった。

大人は、自分の態度がどれだけ子供たちに影響を与えているか気づいていない。

子供たちは、大人の愛を感じ取るのと同じように、大人が自分を気にかけていないのも敏感に感じ取る。そして、大人の言葉ではなく、大人の行動を見て学んでいる。

もしあなたが親なら、自分の子供にどんな手本を見せているだろう？　その手本は、大人になってからの子供の人生に、どんな影響を与えるだろうか？　または、あなたに親がいるなら（すべての人は親から生まれている！）、できれば捨ててしまいたいと思う親からの影響はあるだろうか？

ときに私たちは、自分でも気づかないうちに、子供のころに親から受けた体罰や精神的な虐待を、自分の子供に与えてしまうことがある。このような負の連鎖は、どこかで終わりにしなければならない。

自分の子育てのスタイルを自覚し、非暴力の子育てを意識して取り入れるようにすれば、その贈り物は自分の子供だけでなく、世界中に届くことになるだろう。

ただし、すべてが親の責任ではない

バプジには四人の息子がいた。私の父親は次男だ。私の父と二人の弟は、バプジの教えを忠実に守っていた。

しかし長男のハリラールは、幼いころから反抗的で、ついに自分の問題を乗り越えることができなかった。大人になってからはアルコールに溺《おぼ》れ、窃盗や横領などの罪を犯している。

バプジは、息子の問題はすべて自分の責任だと考えていた。どうにかしてハリラールを助けたかった。しかし、子供の罪で親が罰を受けるという方法に効果があるのは、子供のほうに教えを素直に受け止める気持ちがある場合だけだ（たとえば、私がウソをついたとき、父親が歩いて家まで帰ったときがそうだった）。しかし、ハリラールにそんな気持ちはまったくなかった。

バプジはいつでもハリラールの帰りを待っていたが、この放蕩《ほうとう》息子はずっと家族に背を向けていた。生活に困窮《こんきゅう》し、何年もホームレスとして過ごしたこともある。父親のすることはすべて気に入らなかった。ハリラールは、偉大なガンジーの名前を汚すことを、人生の目標にしていたのだろう。

あるときハリラールは、デリーにあるモスクへ行き、ヒンドゥー教からイスラム教に改宗した。人々の注目を集めるために、わざわざ大げさな儀式を行った。バプジはすべての宗教を認めていたので、息子がイスラム教徒になっても痛手はまったく受けなかった。

実際のところ、ハリラールはどんな宗教も信じていなかった。ただお金のために改宗しただけだ。当時は宗教間の緊張が高まっていたので、息子をイスラム教徒にすればガンジーを貶めることができると考える人たちがいたのだ。そしてハリラールは、そんな人たちの中から、いちばん高い金額を提示した人に自分を売った。

「正直に告白すれば、あの一件は私を傷つけた」と、バプジはある手紙に書いている。バプジは、宗教の基本にあるのは純粋な信仰心であるべきだと信じていた。だから、自分の息子が幼稚な反抗心から宗教を貶めるようなことをしたのが、とても悲しかったのだ。

ハリラールも弟たちと同じように、深い愛情を注がれて育った。同じ道徳的な価値観を教えられた。だから私は、どんなに考えても、ハリラールの行動が父親であるバプジの責任だとは思えない。

親が子供のためにできるかぎりのことをして、それでも子供の問題がなくならないのなら、それはもう子供の責任であり、親は自分を許すべきだろう。

どんなに愛情を持って育てても、どんなに正しく導いても、間違った方向に進んでしまう子供はいる。それはもう、生まれつきの性質だと言えるだろう。

インドの王が息子に教えたこと

ババジは私に、よくインドの昔話をしてくれた。その中に、一人息子を勉強のために世界に送り出した王様の話があった。息子は世界でさまざまなことを学び、すべてを知ったと確信して家に帰ってきた。自分は誰よりも賢いと信じていた。

しかし、王様は半信半疑だった。そこで、「おまえは、知ることのできないものを知り、測ることのできないものを測る方法を学んだのか？」と息子に尋ねた。

「いいえ、それは不可能です」と息子は答えた。

王様は息子に、台所へ行ってイチジクの実を持ってくるように言った。息子がイチジクを手に戻ってくると、王様は半分に切るように言った。

そしてイチジクが半分に切られると、切り口にあるたくさんの小さな種を見て、「種を半分に切り、何が見えるか言ってみなさい」と王様は言った。

息子は種を一粒取り出し、半分に切ろうとした。しかし、あまりにも小さいので、刃が滑ってしまって切ることができない。

そして、「種の中には何もありません」と息子は言った。

王様はうなずいた。

「おまえが『何もない』というものから、大きな木が育つのだ。その小さな一粒は、生命の源だ。その『何もない』ものを理解することができれば、そのときにおまえはすべてを学んだと言えるだろう」

バプジはとても忍耐強い人だった。私がきちんと理解できるまで、じっくり時間をかけて教えてくれた。

その姿勢は、世界を相手に教えるときも同じだった。バプジは、周りがどんなに騒がしくても、いつも穏やかな心を保っていた。いつも物事の本質に目を向け、世界の大きな謎を解明したいと思っていた。

イチジクの種はあんなに小さいが、条件の整った土に植えれば大きな木に育つ。

私たちも、世界を深く知るチャンスを無駄にしてはいけない。

目に見えるもの、理解できるものの向こうに、もっと大きな真実が隠されている。

レッスン8

謙虚な人は、強い人

セヴァグラム・アシュラムには、バプジを訪ねてたくさんの人がやって来た。そんな訪問者の中に、イギリスから帰国したばかりの若い男性がいた。シュリマンという名前で、ロンドン・スクール・オブ・エコノミクスで学び、博士号を取得した秀才だ。とても頭の回転が速く、賢い人で、インド経済を改革しようという意欲に燃えていた。

シュリマンの父親は有力な実業家で、両親ともにバプジと親しく、バプジのことを心から尊敬していた。彼らは息子に、仕事に取りかかる前に、まずガンジーから祝福をもらいなさいと言ったという。

そこで、シュリマンはセヴァグラムにやって来た。バプジに会うと、さっそく自慢話を始めた。三〇分たっぷり使って、自分がこれまでに達成したこと、そしてインド経済を改革する計画について長々と語った。バプジは辛抱強く聞いていた。

「さあ、私に祝福を与えてください。そうすれば仕事に取りかかれます」とシュリマンは言った。

「祝福が欲しいなら、自分にその価値があることを証明しなければなりません」とバプジは答えた。

「では、何をすればいいのですか?」

「私たちと一緒に、アシュラムのトイレ掃除をしてください」

シュリマンは自分の耳が信じられなかった。

「私はロンドン・スクール・オブ・エコノミクスで博士号を取ったのですよ。その私にトイレ掃除をしろと言うのですか?」

「そうです。本当に私の祝福が欲しいのなら、そうしてください」

バプジは静かに答えた。

シュリマンは呆然としながら部屋を出た。その日はアシュラムに泊まり、気乗りしないようすで、私たちと一緒にトイレ掃除に参加した。

掃除が終わると、自分の体をすみずみまで洗い、またバプジの前にやって来た。

「言われた通りにしました。これで祝福をいただけますよね？」

「まあ、そう焦ってはいけませんよ」とバプジは笑顔で答えた。

「トイレ掃除をするときも、国の経済改革に取り組むときと同じくらい、本気で取り組まなければなりません。あなたがそれくらい熱心にトイレ掃除をしていると私が確信できれば祝福を与えましょう」

バプジは別にいじわるをしていたのではない。シュリマンの自信過剰を感じ取り、この自信に足元をすくわれることになるのを危惧していたのだ。

肥大したエゴの持ち主は、他人への敬意や思いやりに欠けるところがある。差別も受け入れやすくなる。**自分が正しいと思い込んでいる人は、他人の考え方を理解しようともしない。**

「謙虚さ」と「寛容さ」は別モノ

私の祖父は、貧しい人を助けたいと思っていた。貧しい人が本当に必要としているものを知るには、彼らと同じ暮らしをしなければならないと信じていた。

そのためアシュラムでは、インドでいちばん貧しい人たちと同じように、ほぼ何も持たない暮らしをしていた。

インドでは、「不可触民」と呼ばれるいちばん低いカーストの人たちが、トイレ掃除やゴミ処理など、誰もやりたがらない汚れ仕事を押しつけられている。インドの全国民が幸せになれるような経済改革を目指しているのなら、もっとも貧しい人の暮らしを理解しなければならない――バプジはそう考えたのだ。

バプジはインドの将来を話し合う国際会議に何度も出席してきた。激しい議論のさなかであっても、いつも謙虚な姿勢を忘れなかった。

バプジにとって、謙虚さは弱さの現れではなく、人の言いなりになっているわけでもない。むしろその正反対だ。

傲慢《ごうまん》な態度は、人を傷つけ、人を分断させる。自分のほうが上だと信じていると、そ

こから怒りや暴力が生まれ、人はみなつながっているということを忘れてしまう。人は謙虚な気持ちをなくすと、困っている人を叱りつけたりする。難民を冷たく拒絶する人たちは、自分の恵まれた立場を当然だと思い、いつかこの生活を失う可能性があるとは考えてもいないのだ。

安全に暮らしている私たちは、祖国の戦争や混乱から逃れてきた人たちよりも偉いのではない。ただ運がよかっただけだ。

現代でも、人種、階級、宗教の違いから生まれる衝突は依然として存在し、さらに政治的な立場の違いによる争いも激しくなっている。

だからこそ、バプジの謙虚さから学べることはたくさんあるだろう。

謙虚な態度と他者を思いやる心を身につけるには、「寛容」の心が大切だと考える人もいる。

しかし、それは問題の本質がわかっていない解決策だ。他者に対して寛容になるというのは、自分のほうが上だと思っている証拠ではないだろうか。自分が上の立場なので、仕方がないから受け入れてやるという気持ちが伝わってくる。

きっとバプジなら、「寛容」という言葉は使わないだろう。この言葉は、不適切であるだけでなく、むしろお互いをさらに遠ざけるだけだと考えるに違いない。

異なる境遇の人たちを真に理解し、謙虚な気持ちで受け入れることは、私たち一人ひとりに課された責任だ。この責任を逃れることはできない。

空っぽの太鼓ほど、大きな音が出る

二〇一六年のアメリカ大統領選挙で、主要政党の候補者の一人が、聞くに堪《た》えない言葉で対立候補をこき下ろし、憎しみをまき散らすようすを日の当たりにして、多くの人はショックを受けた。

その候補者にとっての選挙運動とは、「敵」を攻撃することだった。彼は支持者に対して、自分についてくれば「敵」よりも上に立てるというメッセージを送っていた。

暴言を吐く彼の姿をみて、世界に存在するちっぽけな独裁者を思い出した人も多いのではないだろうか。彼ら独裁者は、本当に国民のためになることは何もできず、ただ自分の大言壮語に悦《えつ》に入っているだけだ。

そして、それは今に始まったことではない。歴史をふり返れば、いじめっ子のような傲慢な独裁者が、世界を混乱に陥れてきたことがわかる。

バプジもまた、多くの独裁者を相手にしなければならなかった。声の大きい人ほど、言っている中身は少ないと、バプジは信じていた。

「空っぽの太鼓ほど大きな音が出るんだよ」

そう笑顔で言っていたのを、私は今でも覚えている。

本物の解決策を持っていて、人格的にも優れている人は、過激な発言で注目を集めようとしなくても、自然と人々が耳を傾けるものだ。

人は「身近な差別」には鈍感になる

私がセヴァグラム・アシュラムにいたのは、バプジがイギリスを相手にインドの独立を目指して戦っている時期だった。

バプジは、国を分割するという妥協案には反対していた。パキスタンを分離し、イスラム教徒の国にするという案だ。イスラム教徒の国を別に作ると、すでに同じ場所に暮らしているイスラム教徒とヒンドゥー教徒の間で衝突が起こり、国がさらに不安定になると考えたからだ。

バプジはまた、女性や不可触民にも、平等に権利を与えるべきだと考えていた。彼らの多くは村はずれに追いやられ、お寺に入れず、学校にも通わせてもらえなかった。

しかし、多くの政治家は、権利の平等は後回しにするべきだとバプジに忠告した。まずインドの独立を達成するのが先決だ、と。

しかしバプジにとっては、すべての人が自由になることが大切だった。どんな種類の差別であっても、人道に対する暴力だと信じていたからだ。

たいていの人は、文化の違う外国で人々が抑圧されているのを見ると、「それは間違っている」と気づくことができる。

アメリカでも、インドのカースト制度を受け入れない人に、私はたくさん会ってきた。彼らは、「なぜ上位カーストのインド人は、不可触民と同じ井戸を使うのは汚《けが》らわしいなどと思うのか」と非難する。

私はそういう人に会うと、アメリカも同じだということを穏やかに指摘する。アメリカでも何年もの間、トイレ、水飲み場、プールなどの公共の場所で、「白人専用」の掲示があったではないか。

人はなぜ、こうやって差別をするのだろうか?

自分のほうが優れていると確認したいからなのか。それとも、自分もたいしたことはないと内心ではわかっているので、その自信のなさを打ち消してエゴを満足させるために、わざと「自分とは違う存在」を作っているのだろうか。

すべての人が、それぞれ大切な役割を持っている

私の祖父は、すべての人はつながっていることを理解していた。

それぞれの人生と運命はお互いに絡み合っている。だから、私たちは「人は一人では生きられない」ということを謙虚な気持ちで理解しなければならない。

アシュラムで暮らしていたとき、ある日バプジから、糸車を持ってバプジの部屋に来るように言われた。バプジと一緒に糸車を回し、話を聞けるのだと思い、私は喜んで言

われた通りにした。

ところがその日は、糸車を分解するように言われた。私は面食らったが、それでも言われた通りに分解し、部品を床一面に並べた。

バプジのことだから、きっとこれも何かの教えに違いない。しかしバプジは、ばらばらになった糸車で糸を作りなさいと言ったのだ。

「そんなのできないよ。糸車をばらばらにしてしまったんだから」と私は抗議した。

「たしかにそうだね。では、部品を組み立てて、再び糸車を作りなさい」

私は少しムッとした。こんなの完全に時間の無駄ではないか。それでも言われた通り、糸車の部品を組み立てていった。

もう少しで完成というところになると、バプジはまだ残っていた小さなバネの部品を拾った。ずっと手に持ったままで、どうやら返してくれる気はないらしい。

「そのバネがないと完成しません」と私は言った。

「こんなに小さな部品なんだから、なくても平気だろう」

「でも、それがないと車が回らないよ」

バプジはわざと目を細めて、手の中の部品を見た。

「どれどれ。いや、これは小さいな。これならあってもなくても同じだ」

「ダメだよ。それがないと糸車にならないよ」

「そう、おまえの言う通りだね」と、バプジはどこか嬉しそうな声で言った。私が自分で理解するのを待っていたのだろう。それから、さらに詳しく説明してくれた。

「すべての部品が大切で、全体の中で欠かせない役割を果たしているんだ。この小さなバネがないと、糸車が回らないのと同じだよ。**私たちのすべてが、社会に欠かせない存在なんだ。いらない人なんていないんだよ。私たちは、全員で一つの仕事をしているんだ**」

糸車がきちんと回るにはすべての部品が必要であり、それは人間社会でも同じだ。バプジの教えは、ビジネスで成功するカギにもなるかもしれない。大企業の優秀なリーダーなら、自分の強さは、従業員一人ひとりの強さと同じだということを理解している。リーダーがすべての従業員を尊重し、それぞれの価値を認めれば、会社全体も強くなり、大きく成長する。

たとえば、巨大小売チェーンのウォルマートは、すべての従業員の賃金を上げると発表した。

ウォルマートはおそらく、民間企業としては世界で一、二を争う数の人を雇っているだろう。だからすべての従業員の賃金を上げるというのは、かなり大胆で、お金がかかる決断だ。

しかし、短期的にはお金を失うだろうが、長い目で見れば効果は大きい。大切に扱われた従業員は、会社に忠誠心を持ち、より勤勉に働くようになるからだ。

そして、すぐに効果は出始めた。各店舗の生産性が上がり、顧客満足度も急上昇しているという。

バブジはウォルマートの株価や収益に興味はないだろうが、自分の哲学がビジネスの世界でも通用するとわかれば、きっと喜ぶだろう。ウォルマートの店舗で品出しをしている人は、糸車のネジと同じでとても重要な役割を果たしている。その人がいなければ店は機能しない。品出しの人を大切にすれば、会社全体としても成功するのだ。

謙虚なリーダーは、すべての従業員の価値を認めることができる。そして傲慢なリーダーは、会社の成功は自分のおかげだと考える。

成功するのは、謙虚なリーダーがいる会社のほうだ。

他人を軽視することは、悲劇の源

糸車を動かす部品になれない人は、それなら糸車を壊してしまおうと考える。アメリカで銃犯罪が多発する地域にも、同じことが言えるだろう。ある人種や宗教の集団を軽んじ、価値のないものとして扱うと、彼らに残された道は、暴力で存在を主張することだけになってしまう。

バプジの時代でも、現代でも、大きな悲劇の原因は、思いやりのなさと、その結果として生まれる大きな格差であることが多い。

戦争を始めるのは、たいてい傲慢でエゴの強いリーダーであり、彼らは他の国を征服し、抑圧することで、自分の力を拡大したいと思っている。そしてテロを起こすのは、自分は見捨てられた、忘れられたと感じている人たちだ。

近年アメリカでは、警察による黒人男性の殺害が大きな社会問題になり、抗議運動が広がっている。この運動のスローガンは、「黒人の命も大切だ（Black Lives Matter）」だ。

人は誰でも、「自分は大切な存在だ」と思いたい切実な欲求がある。それなのに多くの人は、その気持ちをないがしろにして、女性、不可触民、イスラム教徒、ヒンドゥー教徒、スンニ派、シーア派、ユダヤ教徒、キリスト教徒、移民、難民などのくくりで区別して、自分には関係ない存在だと無視している。

私たちはそろそろ、「自分がいちばん偉い！」といばるガキ大将のような態度を卒業して、そんな態度は幼稚で恥ずかしいということを自覚しなければならない。

バプジはいつも、大多数の人が幸せな社会になっても、それで満足してはいけないと言っていた。私たちが目指すのは、すべての人が進歩の恩恵を受けられる社会だ。

「差別」は「弱さ」の表れ

バプジが謙虚な態度について考えるようになったのは、まだ子供のころのことだった。当時バプジは、ゴミ収集の仕事をしている父親の子供と遊んではいけないと言われていた。ゴミ収集は不可触民の仕事だからだ。

成長してからは、イギリスがインドの人民を抑圧していることに気づき、そしてついに南アフリカで、非白人に対するあからさまな差別を体験することになる。

バプジは考えた。差別が起こるのは、ある集団の人々が、自分たちは他の集団よりも上だと確信し、他の集団の人々をないがしろにするからだ。だから差別をなくすには、そのような傲慢な態度を捨て、謙虚な態度を身につけなければならない。

南アフリカでインド人差別に抗議する運動を始めたばかりのころ、バプジはインド問題を担当する政府の役人との会議に出席し、こう発言した——南アフリカ政府はインド人を厄介者扱いしているが、実際、インド人はとても働き者で、倹約家で、南アフリカ社会に多大な貢献をしている。

すると役人もバプジに同意し、インド人が悪いわけではないということを認めたが、バプジは差別の根本の原因を誤解しているとも付け加えた。

「この国のヨーロッパ人が恐れているのは、インド人の悪行ではなく、むしろその美徳なのですよ」

これはとても大切な教えだ。**ある集団を抑圧し、権利を剥奪するのは、彼らの長所を見たくないからでもある。**相手が女性であっても、人種的マイノリティであっても、移民であっても同じことだ。

私たちが差別をするのは、自分は強いと感じるために、自分より下の存在を必要としているからだ。

自分に自信がある人なら、他の人の才能や能力を認め、賞賛することができる。彼らが成功しているときは応援し、苦しんでいるときは手をさしのべることができる。

「豊かな国」とは何か？

かつて南アフリカのダーバンに、貧しい人のための無料の病院があった。バプジはその病院でボランティアとして働き、社会から見捨てられた病人たちを献身的に看病した。そのすぐ後にボーア戦争が勃発すると、バプジは病院で働いた経験を生かし、救急治療部隊を組織した。

バプジが呼びかけると、インド人のボランティアが一〇〇〇人以上も集まった。ボランティアの多くは、ほぼ奴隷のように働かされている労働者で、医療の経験はまったくなかった。それでも、訓練を受けると、すぐに怪我人の治療ができるようになった。

戦場になったのは主にゴツゴツした岩場で、自動車が入っていけないような地形だった。

そこでバプジとボランティア部隊は、負傷兵を担架に乗せると、徒歩で野戦病院まで運んでいった。照りつける太陽の下で、三〇キロ以上も歩くことも珍しくなかった。

戦争が終わると、多くの人がインド人救急部隊の勇敢さを褒め称えた。イギリス政府はバプジにメダルを授与した。

バプジは戦争の悲惨さに大きなショックを受けていた。その前にあったズールー戦争では、イギリスが圧倒的な兵力で現地のズールー人を虐殺するのを目撃している。

「まるで狩猟のように人間を殺していた」と、バプジは後に言っている。銃を持ち、馬に乗ったイギリス兵が、自分の足で歩き、槍や棒で抵抗するズールー人を次々と殺していくのだ。

力で優位に立つ者は、傲慢になり、信じられないほど残虐なことができるようになる。バプジはそれを目の当たりにして、暗澹《あんたん》たる気持ちになった。

バプジの救急部隊は、どちらの兵士も平等に扱い、イギリス人でもズールー人でも分け隔《へだ》てなく治療した。すべての人が敬意を持って扱われるべきだと考えていたからだ。

バプジは戦争を実際に体験し、一つ確信したことがある。

それは、支配と権威を行使するために暴力という手段を容認する社会は、大きな間違いを犯しているということだ。
国が本当の意味で豊かになるには、経済力や支配力は関係ない。すべての国民を人として尊重できる国が、本当に豊かな国だ。
「よりよい社会を目指すなら、まずよりよい個人の生活を目指さなければならない」と
バプジは言っていた。

謙虚さこそ、偉大なことを成し遂げるカギ

インド人の教育家で、私が心から尊敬しているバンカー・ロイという人物がいる。彼はインドの裕福な家庭で育ち、国内最高の学校に通った。しかも、三年続けてスカッシュの国内チャンピオンになっている。「世界は自分のためにあり、すべてが思い通りだと感じていた」と彼は言っている。

ロイの両親は、息子が最高の教育を生かして医者か外交官になることを望んでいた。

しかし彼は、貧しい村に行って井戸を掘る仕事を選んだ。

ロイは村人たちの前で威張ったりせず、むしろとても謙虚だった。何かを教えようとはせず、反対に彼らから学びたいと思っていた。

そして彼は、後に「裸足の大学」と呼ばれるようになる学校を始めた。その学校では、人々がすでに持っているスキルを活用し、新しいアイデアや可能性を生み出していく。読み書きはそれほど重視していなかった。村に電気を引き、井戸から水をくみ上げるポンプを設置することのほうが、読み書きよりはるかに優先順位が高かった。

そこで彼は、字の読めない貧しい女性たちに、ソーラーパネルの設置の仕方を教えた。この試みは大成功だった。わずか数週間のうちに太陽光発電の設備が整い、村中に電気が来るようになったのだ。

この作業は、すべて字の読めない女性たちがやった。教科書もマニュアルも読まずに完成させたのだ。裸足の大学で学んだ女性たちは、今度はインド全国に活躍の場を広げ、多くの町や村に電気を届けている。

外国の政府もロイの成功を見て、自分たちの国も助けてほしいと要請してきた。彼は要請に応え、アフガニスタンやアフリカ諸国に自分の教育法を広めていった。そして今では、シエラレオネやガンビアといった国に暮らす字の読めないお婆さんが、国中に太陽光発電を届けている。

たいていの善意の部外者は、貧しい村にやって来て、自分の考える変化を村人たちに押しつける。しかしロイは、村人がすでに持っている知識とスキルを尊重し、それを生かすという道を選んだ。それは彼に、本物の謙虚さがあったからだ。最新の技術を持ち込んだのはロイだが、それを活用し、管理しているのは村人たちだ。

裸足の大学の成功によって、バプジが提唱した謙虚さと奉仕の精神が、現代でも通用するということが証明されたとも言えよう。**傲慢さを捨てて世界と向き合えば、偉大なことを達成できるのだ。**

「都合の悪い情報」を排除する習慣をただす

すべての人の価値を認める。それは、言うは易《やす》く、行うは難《かた》しだ。

人はたいていの場合、自分は正しい、自分の選択は間違っていないと確信している――それはつまり、他人は間違っていると考えているということだ。

心理学の研究によると、人は情報を集めてから決断するのではなく、まず直感で決めて、それから自分の決断の正しさを裏付けるような情報を探すという。大きな問題でも、小さな問題でも、無意識のうちにこれを行っているのだ。

たとえば、新しい車を買おうとしているときなら、たいていの人はまず欲しい車を決め、それからその車をほめるような口コミや情報を探す。

選挙で誰に投票するか決めるときもそうだ。情報を集めて吟味《ぎんみ》するのではなく、まず支持する候補者を選び、それからはその候補者に関するいい情報だけを信じ、悪い情報は無視する。

私自身も、自分の判断が正しいと思い込み、とんでもない失敗をしたことがある。

一九八二年、リチャード・アッテンボロー監督の映画『ガンジー』が公開された。私の祖父の生涯を描いた歴史映画だ。

映画が作られるという話を最初に聞いたとき、私はとても心配だった。監督のアッテンボローは、家族へのインタビューは一切行わない方針だという。

その後、インド政府が二五〇〇万ドルを出資するという話を聞くと、私はとんでもないことだと憤慨した。

『タイムズ・オブ・インディア』紙に政府を批判するコラムを書き、祖父だったらそのお金を貧しい人のために使ったほうが喜ぶだろうと断言した。二五〇〇万ドルもあれば、かなり大規模な貧困対策ができるだろうが、映画に出資するのはただの無駄づかいだ、と。

映画『ガンジー』が間もなく一般公開というころに、私は試写会に招待された。観る前はいろいろと心配だったが、映画が始まると、すぐに涙があふれてきた。内容には不正確な部分もあったが、バプジの精神を見事にとらえた作品になっていた。

映画の冒頭で、こんな説明があった。

「人間の生涯の出来事をすべて描くことはできない。それでも精神において記録に忠実であり、その人物の心に迫りたい」

映画はたしかにそれを達成していた。

私は帰宅すると、前言を撤回するコラムを書いた。私の批判は間違っていて、今では映画を全面的に支持していると正直に告白した。主演のベン・キングズレーは見事な演技で、バプジの非暴力と愛のメッセージを多くの人に届けてくれた。この映画がなければ、バプジのことを知らなかった人もたくさんいるだろう。

第五五回アカデミー賞で、『ガンジー』は作品賞を含む八部門で受賞した。アッテンボローとキングズレーも、すばらしい仕事が認められ、それぞれ監督賞と主演男優賞を受賞している。
そして私は、謙虚な態度の大切さをあらためて学ぶことができた。

排他的な考えは、怒りの連鎖を生む

バプジは人間にレッテルを貼ることに反対していた。ジェンダー、国籍、宗教などで人を区別してはいけないと考えていた。愛国心を言い訳に自国の利益だけを守り、他の国をないがしろにするような風潮を危惧していた。

同じ考えを持つ人だけが集まった小さな集団に閉じこもり、自分たちがいちばん正しいと思い込む。違う意見を見たり聞いたりしたくないので、自分の周りに壁を築く。そのような態度は、分断と暴力を招くだけだ。

バプジが提唱した非暴力のアプローチとは、謙虚な心を持ち、自分とは違うものの見方や考え方を尊重することだ。

他人にレッテルを貼らず、違う意見を受け入れるのは、簡単にできることではない。

しかし実践すれば、大きな成果を上げることができる。

先日、ニューヨーク州ロチェスターのある教師から、自分のクラスでガンジーの非暴力について話してほしいという依頼があった。

私は依頼を引き受け、子供たちにバプジの哲学を伝えた。すべての人に愛と敬意を持ち、相手の尊厳を認めれば、世界に存在する怒りや絶望のほとんどは消えるだろう、と。

そして私が帰った後、先生はクラスに課題を出した。ガンジーのメッセージを日々の生活に活用する方法を考えるという課題だ。そして一カ月後、私はまたそのクラスに招待され、生徒たちの課題の発表会を聞くことができた。

ある太った女の子は、よく体型のせいで笑われたり、からかわれたりするという。そんなとき、彼女はいつも腹を立て、いじめっ子たちに言い返していた。しかし、私からガンジーの話を聞き、今度は愛の気持ちで対応してみようと決めた。

それから彼女は、いじわるなことを言われるたびに、優しい言葉で答えた。するといじめっ子は調子が狂い、反応に困っていた。彼女は「ダイヤモンドの心」という名前のクラブを作り、いじわるではなく愛で問題を解決する活動をしているという。

その女の子が始めた活動に、私は大きな感銘を受けた。彼女は、いじめっ子は見かけほど強いわけではないという真実に気がついたのだ。

彼らはただ自分より弱い存在を見つけ、自信のなさを忘れて安心したいだけだ。だから、愛のある態度で接すれば、いじめっ子は怒りを忘れ、自分が受け入れられたように感じて安心する。

彼女の誇り高い態度のおかげで、いじめっ子も誇りを取り戻すことができた。頭の中にしか存在しない梯子《はしご》のてっぺんに登り、そこから下に向かって怒鳴ったり悪態をついたりするのをやめれば、お互いに平等な立場で、相手に愛と敬意を持つことができる。

成功しても、謙虚に学び続ける

文明社会であれば、そこには必ず公正さとお互いへの敬意があるべきだとバプジは信じていた。

たしかにバプジも、経済的に完全に平等になるのは難しいかもしれないということは認めていた。しかし、今あるような巨大な格差は、絶対に許さないだろう。

成功者たちが門のある高級住宅街に閉じこもり、恵まれない人たちの苦しみから目をそらしていたら、格差の問題は大きくなるだけだ。

私の知り合いに、ラジェンドラ・シンという男性がいる。彼は医者になるために学び、インドのサリスカという村に診療所を開いた。サリスカはインドでも有数の不毛な土地だ。

診察を始めて何週間かたったころ、年配の男性が彼を訪ねて来て、村人が本当に必要としているのは病院や教育ではなく、むしろ水であると言った。その老人はシン医師を誘い、一緒に村を歩いて回った。土地はひからび、あちこちひび割れている。

「雨はめったに降らない。それにたとえ降っても、すぐにこのひび割れに吸い込まれて消えてしまうんだよ」と老人は言った。そして、村に昔から伝わる水を確保する方法を医師に教えた。穴を掘って、小さなため池を作るのだ。

シン医師の目から見ても、たしかに理にかなった方法だった。そこで彼は、その村人がリーダーになって、ため池を作るプロジェクトを始めたらどうかと提案した。

村人は答えた。

「私はもう年寄りだ。それに村の人たちから頭がおかしいと思われている。誰も私の言うことなど聞かないよ。でも先生はお医者様だからな。先生の言うことならみんな聞くだろう」

そこでシン医師は、私の祖父の精神を受け継ぎ、自分が手本になることで人々を導くことにした。

まず自分だけで二つほどため池を掘り、雨水をためることに成功した。ため池に水がたまると、周りの乾いた土地もだんだん潤《うるお》ってくる。村人たちはそれを見て感心し、自分も手を貸すのでもっとため池を作ろうと言ってきた。

そして間もなくして、不毛の大地に水が行きわたり、肥沃《ひよく》な大地に生まれ変わった。ため池の水が、村を蘇らせたのだ。

それからシン医師は、他の村にもため池を広めていった。現在までに一〇〇〇平方キロメートル以上の土地を、乾いた大地から肥沃な農地に変えている。

シン医師自身も指摘しているように、ここまでのことを達成するのに、新しいテクノロジーも、大金をかけたプロジェクトも必要なかった。ただ村人がすでに持っていた知識を活用しただけだ。

水の流れによって村が生まれ変わったようすを見たシン医師は、人間の人生にも「流れ」が欠かせないということを実感したという。**人間は、より大きなコミュニティの流**

れの一部となり、周りの人とつながったときに、個人としても花開くことができるということを。

謙虚な心を持ち、お互い相手に敬意を持つようにすれば、より強く、前向きな世界を作ることができる。そんな世界であれば、私たちは逆境から立ち直る力を手に入れられるだろう。

バラク・オバマ大統領は、二期目の任期が終わりに近づいてきたころ、自分の功績に貢献してくれた多くの人たちについて語った。

「私たちは、ただの部族の寄せ集めで、お互いに理解することは絶対にない集団ではなく、人道という共通の価値で結ばれていて、お互いに愛し、相手から学ぶことができる」

――それが、オバマ大統領のメッセージだった。バプジが聞いたら、きっと心から賛同するだろう。

現代人はたしかにたくさんの知識を持ち、進んだテクノロジーを駆使している。しかし、自分が受けた教育を人類全体のために生かすには、謙虚な気持ちで学ぶことも大切だ。

天体物理学の最新の研究によると、人類が宇宙についてわかっているのは、全体のわずか五パーセントだという。残りの九五パーセントは、これから学び、探求していくことになるだろう。

この先何が発見されるにしても、それは一人の人間ではなく、多くの人の貢献から生まれるはずだ。世界観を広げたいのなら、偉大な思想家だけでなく、一般の村人の言葉にも耳を傾ける謙虚さが必要になる。

バプジもこう言っていた。

「すべての窓を開け、知識の風を取り入れよう」

すべての窓を開け、
知識の風を取り入れよう。

レッスン9

非暴力の五つの柱

重要人物と呼ばれるような人は、まじめで威厳に満ちていると思われることが多い。

しかし、私の目から見た祖父は、優しくておもしろい人で、遊びが大好きだった。

バプジは、夜になると三キロほどの散歩に出かけ、私もよくおともしていた。

バプジは小柄で、身長は一六五センチほどだった。一四歳の私のほうがずっと大きかった。

だからバプジは、散歩のとき、同じくおともをしていた若い男性と私の間に立ち、二人の肩に手を回し、いきなり地面から両足を離してぶら下がり、ブランコのように体を前後に揺らしたりする。まるで両親にぶらさがってはしゃいでいる子供のようだった。

不意を突かれて私たちがぐらついたりすると、バプジは笑いながら「ぼんやりしてちゃいけないよ！」と言ったものだ。

バプジはとてもユーモアのある人だった。いつでも地に足の着いた態度でいられたのは、そのユーモアのおかげもあっただろう。生まれながらのウィットで、「ガンジーも同じ人間なのだ」と周りの人を安心させていた。

バプジは年齢を重ねるごとに、どんどん神格化されていった。偉大なガンジーは生まれたときから聖人だったのだろうと誰もが思い込んでいた。

しかしバプジ本人が、自分は特別だと主張したことは一度もない。偉大な人物になれたのは、純粋に努力を積み重ねてきた結果だ。

だからバプジは、**人は誰でも、本気になれば自分を変えることができる**と信じていた。

たった一輪のバラが人生を変える

バプジは、人は変われると信じていた。大変な努力をしてやっと変われることもあれば、ちょっとしたきっかけで変われることもある。たとえ小さな行動でも、雪だるまのように大きくなるとバプジは信じていた。

それを私に、いつものように自分がお手本になることで教え、わかりやすいたとえ話で教えてくれた。

ある夜、バプジと並んで座り、糸車を回しているときに、バプジがまたお話をしてくれた。

お話の主人公はとてもだらしない若い男性で、小さなアパートに一人で暮らしている。その若者は、部屋の掃除を一度もしたことがなかった。他の家事もまったくやらない。そのため部屋は汚れきっていた。

「台所のシンクは、汚れた食器が山になっていた」とバプジは言った。目がいたずらっぽく光っている。「それも、普通の山ではない。天井まで届くほどの山になっていたんだ！」

その若者も、自分の部屋がひどい状態であることはわかっていた。それでも、部屋に誰も呼ばなければバレないから問題ないと考えていた。

ある日、彼は職場で一人の女性と出会い、だんだんと彼女のことが好きになっていった。彼女をデートに誘ったが、自分の部屋には絶対に招待しなかった。二人で公園を歩き、川辺に座って語り合った。

そしてある日、彼女は一輪の赤いバラを摘《つ》み、彼にあげた。このバラは愛の贈り物だった。ゴミ溜めのような部屋に暮らしているこの若者でも、美しい花はきちんと飾らなければならないということくらいは知っている。

彼はバラを家に持ち帰ると、汚れた食器の山から花瓶を見つけた。花瓶をきれいに洗い、新しい水を入れ、バラを生けた。

次は花瓶を置く場所を見つけなければならない。そこで彼は、食卓の上をきれいに片づけた。花瓶を置くと、食卓がとても華やかになった。

食卓だけでなく、部屋も片づけたら、もっときれいになるのではないだろうか？

彼は散らかったものを片づけ、床を磨いた。そうやって掃除の連鎖反応が続き、最終的に家中がきれいに片づいて、ピカピカに磨き上げられた。

彼が心を入れ替えたのは、あのバラにふさわしい、きれいな家にしたいと思ったからだ。バラをあげるという小さな愛の行為が、彼の人生を変えたのだ。

当時は子供だった私も、この愛の物語には感動した。人は誰でも、不完全な部分を抱えている。それでも、**誰かの愛に触れ、ほんの少しのきっかけで、自分をもっといい人間に変えることができる。**

この話を聞いたとき、糸車を回しながら、もし自分を愛してくれる人が現れたら、その人にふさわしい立派な男になろうと決心した（そして、家の掃除もきちんとしようと）。バプジも愛には偉大な力があると認めていたが、ただロマンチストだからこの話をしたのではない。もっと他に理由があった。

バプジは私に、そして世界中の人々に、この話に出てくる一輪のバラになってもらいたいと思っていたのだ。

私たちの一人ひとりが、世界に希望と光を届ける存在になること、周りの人が「自分もいい人間になろう」と触発されるような存在になることをバプジは望んでいた。愛や希望、または真実を体現する何かが存在すれば、そうでないものがより際立つように。一輪のバラのおかげで、あの若者が自分の部屋の汚さに気づいたように。

そして、美しいものと、そうでないものの違いがはっきりすれば、それを見た人々も、自分が持つ選択肢に気づくことができる。部屋をさらに汚くすることもできるし、花瓶のバラを増やすこともできる。

あなたがいい手本であれば、周りの人たちはあなたに触発され、今よりもさらにいい人になろうとするだろう。

「人が変わるとき」に必要なもの

このお話には、もう一つの教訓がある。あのだらしない若者は、誰かに言われたわけではなく、自分の意志で自分を変えた。そもそも、このままではいけないことは、自分でもよくわかっていたのだ。

彼に必要だったのは、部屋をきれいにする動機だ。汚れた食器をシンクに山積みにしておくより、きれいに洗ったほうが幸せになれることを納得させてくれる何かだった。

あの女性が、ただ黙ってバラをくれるのではなく、もし彼のだらしなさを非難していたら、彼はきっと変わらなかっただろう。

人間は、ネガティブな批判ではなく、ポジティブな刺激のほうに反応するようになっている。

同僚や家族や友達に、「失望した」「あなたはダメだ」と伝えるのは、かえって逆効果だ。人は批判されると意固地になり、攻撃的になる。本当に変わることができるのは、自分で尊敬できるお手本を見つけ、その人のようになりたいと思ったときだけだ。

ババジの心の広さと優しさも、ババジの言葉と同じくらい、インドの変化に大きく貢献した。

ポジティブな精神は、自分や周りの人に与えられる最高の贈り物の一つだ。

心理学の研究でも、愛、感謝、心の広さといったポジティブな感情を表現すると、自分の幸福度が大きく上昇するだけでなく、血圧が下がったり、ストレスが減ったり、快眠になったりと、健康面の具体的な効果もあるということがわかっている。

「恐怖」よりも「愛」が人を動かす

バプジの非暴力主義は、インドの人々にとって希望の光だった。あの光があったからこそ、絶望的な状況であっても前を向いて進んで行くことができたのだ。

洞察力のある歴史家の多くは、ガンジーの強みはむしろ交渉術にあると認めている。バプジの大きな武器は、反対者の気持ちにより添い、理解できる能力だった。イギリス政府と交渉するときも、つねに冷静で、相手に対する敬意を忘れなかった。

しかし、交渉だけではらちが明かないと悟《さと》ると、やがて違う方法を模索するようになる。たとえば、前にも紹介したような「塩の行進」がその一例だ。

当時、自由と独立を求めるインド人は、みな怒りを爆発させていた。インドの各地で暴力事件が頻発していた。バプジはそんな状況のなかで、前向きに不満を訴え、世界をよりよい場所に変える方法を、身をもって示したのだ。

非暴力のアプローチは、人々のよい部分を引き出し、希望を与えることができる。怒りや憎しみは影を潜める。

私の祖父は、いつも穏やかで優しい笑顔を浮かべていた。人々はそんなバプジの姿を見て、絶望の中でもがくよりも、平和的な道を探したほうがいいということに気づくのだ。

塩の行進から数年後、イギリス議会は新インド統治法を採択した。三億人のインド人が独立を達成する第一歩になった法律だ。

この法律はガンジーの大勝利だと考える人が多かったが、バプジにとって本当の勝利は、愛と非暴力というういちばん大切なメッセージが伝わったことだ。ただ支配者がイギリス人からインド人に変わればいいという話ではない。

バプジの立場に反対していた当時のジャーナリストが、イギリスから政府を引き継ぐインド人たちの集まりに出たときのことを書いている。

新政府の役人たちは、前任者と変わらず傲慢で冷酷な印象だったが、バプジだけは「純粋な優しさに満ち、目は穏やかな輝きを放っていた」という。バプジの立場には賛同できなくても、バプジの人格にはすっかり魅了されたのだ。

バプジの目が穏やかな輝きを放っていたのは、バプジの中に本物の愛と善があり、いつでもポジティブな精神で物事に取り組んでいたからだ。

バプジの非暴力主義を表す「サティヤーグラハ」という言葉の本来の意味を覚えているだろうか？　それは、「魂の力」だ。いつでも愛情とポジティブな精神を持っていれば、その力を手に入れることができる。

バプジの運動は、ただインド独立という結果だけを求めていたのではない。ポジティブな光をみんなに届け、お互いにより深く理解できるような世界を作ることが目的だった。

政府や宗教は、しばしば恐怖を利用して支配しようとすることがあるとバプジは感じていた。宗教は「怒れる神」を使って人々を脅す。神の怒りに触れた人は、地獄に堕ちると信じ込ませる。またある宗教を盲目的に信じている人は、他者を厳しく批判し、排除する傾向もある。

政府の支配はもっと直接的だ。たとえば罰金や禁固刑といった手段を使う。さらには、すでに見たように、親や教師といった存在までもが、恐怖や罰を利用して子供を支配しようとする。

バプジは、**「恐怖ではなく、愛で世界を動かさなければならない」**と信じていた。バプジは愛と優しさに満ち、いつでも前向きだった。だからいつも周りに人々が集まってきた。

恐怖ではなく、
愛で世界を動かさなければならない。

非暴力の五つの柱

バプジの「非暴力」は、ただ肉体的な暴力を使わないという意味ではない。バプジはつねに、「**非暴力の五つの柱**」を守り、私にも同じことを望んでいた。だから私は現在でも、その五つの大切な原則を守って生きることを目標にしている。

一．尊重
二．理解
三．受容
四．感謝
五．思いやり

バプジの理想は夢物語で、現実の世界では実現できないという人もいる。しかし私は、むしろその正反対だと考えている。バプジが提示した原則は、理想論どころか、むしろ文明社会における最低条件だろう。これを無視すると、大きなしっぺ返しが待っている。

宗教や人種、カースト、国籍に関係なく、**他者を尊重し、理解する**――それが、世界が前に進む唯一の方法だ。壁を築いて人々を分断すると、いずれ必ず、怒りや抵抗、そして暴力につながるだろう。

反対に、お互いに相手を尊重し、理解を示せば、私たちは自然と三本目の柱、すなわち「受容」に到達できる。**自分とは違う見方を受け入れることができれば、より強く、より賢い人に成長できる**。

残りの二本の柱、「感謝」と「思いやり」は、個人の幸せだけでなく、世界の調和ももたらしてくれるだろう。

感謝の気持ちは深く、広く浸透し、私たち一人ひとりの人生を大きく変える力がある。**この世でいちばん幸せな人は、いちばんお金を持っている人ではなく、身の回りの美しさや善に感謝できる人だ**。

不平や批判の種なら、いくらでも見つけることができる。悪いことを指摘するのも簡単だ。それよりも、毎日何か感謝できることを探したほうが、ずっと楽しい人生を送ることができる。バプジは、身の回りの世界に感謝することの達人だった。すべての人の中に善を見つけることができた。

「今あるもの」に深く感謝する

インドには現在でも、ほとんどのアメリカ人よりはるかに貧しい暮らしをしている家族がたくさんいる。しかし、すでにあるものへの感謝の気持ちは、アメリカ人よりもずっと大きい。

私たちはもしかしたら、ものを持ちすぎることで、自分の感謝の感受性を鈍《にぶ》らせてしまっているのかもしれない。

これではまるで、人生のすべてが食べ放題のビュッフェになってしまったかのようだ。たくさん食べることに夢中になるあまり、みずみずしいリンゴのおいしさを味わうことができずにいる。

たしかに私たちのほとんどは、バプジのように極限まで簡素な生活を送ることはできないだろう。それでもバプジをお手本にして、「少ないことはいいことだ」という精神を取り入れることならできる。

ものを少なくして、気の散るものも少なくすれば、感謝の気持ちは大きくなる。本物の幸せも増えるだろう。

感謝するものなんて見つからないという人は、自然と感謝できるようになる簡単なステップを教えよう。

一日のうちで、ふと立ち止まって周りを見渡し、朝の太陽、道ばたの花、子供の笑い声など、そこにあるものに感謝する。自分の人生を外側から眺め、そして世界中の恵まれない人たちのことを考える。きっと彼らは、あなたのような人生が手に入るなら大喜びだろう。

または、家族や友達のいいところ、感謝しているところをすべてリストにする。そのリストをひきだしにしまい、自分の恵まれた境遇を忘れそうになったら、ひきだしを開けてリストを見る。そして、感謝の気持ちは外側からではなく、自分の内側から生まれるということを思い出す。

すでに持っているものに感謝せず、持っていないもののことばかり考えるのは、自分に対する暴力だ。

人生で感謝の気持ちを増やせば、態度が変わり、世界を見る目も変わるだろう。

私たちはどうしても、自分よりたくさん持っている人と自分を比べてしまう。しかし、すでに持っているものに感謝すれば、私たちの助けを必要としている人たちの存在にも気づくことができるだろう。

彼らに対する思いやりとは、ただお金を寄付することだけではない（もちろん寄付も大切だが）。真の思いやりとは、他者に共感することで、他者の長所や希望に気づき、彼らが自立するために自分にできることを考えることだ。人は他者に共感すると、彼らが自尊心を必要としていることに気づき、すべての人を平等に扱うようになる。

人類すべての幸福と世界の平和のためには、バプジの「非暴力の五つの柱」が絶対に必要だ。

すべての人がこの五つの柱を守って生きていたら、いったいどんな世界が実現するか想像してみよう。

きっと誰もが幸せになり、その幸せをすべての人に届けることができるようになるはずだ。

尊重、理解、受容、感謝、そして思いやり！

「理解と共感の種」がいずれ大きな木を育てる

バプジが生きた時代は、怒りと暴力に満ちていた。それでもバプジは、愛と平和のメッセージを世界に伝えることができた。

私がアシュラムに来る何年か前に、バプジはロンドンで開催された会議に出席した。インドの将来を話し合う会議の一つだ。バプジはいつものように、自分で紡いだ糸で織った布を体に巻いていた。インドの民衆の大半は、とても貧しい暮らしを送っていた。バプジはそんな貧しい人たちの代表として、質素な格好をしていたのだ。

イギリスの主催者は、バプジに敬意を払い、ロンドンの高級ホテルの部屋を用意して、国家元首なみの警備もつけていた。しかし、バプジはこれを断り、「できれば、繊維産業の労働者たちと同じ場所に寝泊まりしたい」とイギリス側に伝えた。

イギリス人たちは、バプジの言葉が信じられなかった。そもそも、ガンジーが始めた運動のせいで、イギリスの繊維産業は打撃を受けていたのだ。

インド人が自分の着るものを自分で作るようになり、イギリスは自国の製品をインドに高く売りつけることができなくなった。そのためイギリスの労働者は賃金が下がり、バプジに対して腹を立てていた。

「織維労働者と一緒に寝泊まりなどしたら殺されますよ」と、イギリスの役人の一人が警告した。

「彼らの怒りは相当なものです。身の安全は保証できません」

「だからこそ、彼らと一緒に寝泊まりしなければならないのです。インドの民衆の状況を、私の口から彼らに説明できますから」とバプジは説明した。

イギリス側は、しぶしぶとバプジの要請を受け入れた。

そしてバプジは、織維労働者たちに会いに行った。彼らを尊重し、彼らの言い分に理解を示した。そのうえで、インドの民衆は極限の貧困状態にあり、綿花から自分で糸を紡ぐことで、その状態を抜け出せるのだと説明した。

バプジは、イギリス人労働者の不満にも真摯に耳を傾けた。彼らにも養う家族がいるということはよくわかっていると伝えた。それでも、ここは私に協力し、インドの民衆を極限の貧困状態から救い出してほしい——バプジはそう言って、イギリスの労働者を説得した。

織維労働者たちは、バプジの話を真剣に聞いた。そして最終的に、バプジの主張を受け入れた。それだけでなく、彼らの多くがガンジーのファンになり、その後の運動にも協力するようになった。

人は腹を立てると、なかなか自分の立場を変えようとしない。自分の利益に反するような意見を受け入れるのはさらにまれだ。

しかしバプジは、相手の立場に寄り添い、理解を示すことで、繊維労働者たちを説得することに成功した。彼らの怒りを和らげ、新しいものの見方を受け入れてもらった。繊維労働者はバプジの話を聞くことで、個人の損得を超えて、世界規模でいちばん必要なことを理解したのだ。

バプジは繊維労働者の優しさと思いやりに訴え、「理解の種」をまいた。それがなければ、イギリスの労働者は怒りを爆発させ、貧困から抜け出そうとするインド人を、徹底的に叩き潰していたかもしれない。しかし彼らは、バプジに協力する道を選んだ。

理解と共感の種をまけば、やがて大きな木に育ち、私たちを不正の雨から守る傘になってくれる。

自由への一歩は「自分」の中からしか生まれない

私の祖父は、世界に正義をもたらすという自らの使命に邁進《まいしん》するあまり、ちょっとした遊び心を忘れてしまうこともあった。そんなときは、私の祖母であるカストゥルバの出番だった。

カストゥルバは読み書きのできない人だったが、バプジは妻の智恵をいつも頼りにしていた。カストゥルバからアシュラムでの生活の問題点を指摘されると、いつも素直に耳を傾けていた。

バプジはカストゥルバの意見を歓迎していた。むしろカストゥルバだけでなく、インドのすべての女性が台所を出て平等なパートナーになり、自由を求める運動に参加するべきだと考えていた。

「人口の半分が隷属《れいぞく》しているような状態であるかぎり、真の意味で政治的な自由を獲得したとは言えないだろう」とバプジは言っていた。

バプジはさまざまな大胆な主張をしていたが、女性の解放もその一つだ。

ババジがまだ子供のころ、母親のプトリバイは、知的好奇心を押し殺し、家のことだけに専念しなければならなかった。

ババジの父親は、インドのとある大都市の宰相だったので、家には宗教や政治の指導者がよく訪ねてきた。プトリバイも機会があれば彼らとの議論に参加したかっただろう。しかし、一八六〇年代半ばのインドでは、女性は子供と同じように、見えない存在でいるのが当たり前だとされていた。

男性たちが議論しているときに、彼女は姿を見せることができなかった。だから隣の部屋にこっそり入り、議論に耳を澄《す》ませていた。いろいろなことを学びたいという意欲があったからだ。

ババジは、アシュラムでのお祈りの時間や会議の時間を使って、女性への態度について男性たちに意見することがあった。女性を支配し、奴隷のように扱うのは間違っていると彼らに言い聞かせた。

男性たちにも古い考えを捨てることを求め、「時代遅れの伝統という足かせから自由になり、女性を尊重し、同等のパートナーとして扱わなければならない」とよく言っていた。

さらに女性たちにも、女は男より意志が弱く、守ってもらわなければならないというのは間違った考えであり、信じてはいけないと言い聞かせた。

抑圧された人々は、「おまえは劣っている」というウソを支配者から押しつけられているうちに、自分でもそのウソを信じるようになってしまうことがよくある。そのためバプジは、女性たちに、まず自分を縛るウソから自由になることを求めていたのだ。「女は男より劣っている」という思い込みを捨て、自分を抑圧する男性たちに立ち向かうよう励ましていた。

「自分で自分を解放しなければ、誰もあなたを解放できない」

そう、バプジはよく女性たちに言っていた。


当時、女性にも社会への全面的な参加を求める姿勢はかなり画期的だった。

多くの政治家は、まずインドの独立に専念するべきであり、女性や不可触民の権利は後回しでいいと考えていた。しかしバプジは、自分の主張を曲げず、いかなる種類の抑圧も許容すべきではないという立場を守っていた。女性と下位カーストの解放は、後回しにしていい問題ではない。しかし現実では、残念ながら後回しになった。

そして現在、ほとんどの欧米諸国の女性は、私の祖母や曾祖母が想像もしていなかったような選択肢を持っている。とはいえ、宗教や文化によっては、プトリバイが経験したような差別や抑圧を受けている女性もまだ少なくない。それに、たとえ解放された社会であっても、多くの女性は自分を貶めるウソをまだ信じていて、古いステレオタイプから自由になる勇気を持てずにいる。

バプジの言うように、**自由への最初の一歩は、自分の中からしか生まれないのだ。**

自分で自分を解放しなければ、
誰もあなたを解放できない。

レッスン10

許しは勇気だ

私がセヴァグラム・アシュラムで過ごした二年間は、バプジ個人にとっても、インドの歴史にとっても、大きな運命の変わり目だった。

インドのすべての政治勢力が、今まさに沸騰しようとしていた。イギリスからついに独立する日が間近に迫っていて、すべての宗教、すべてのカーストの人々がともに暮らす「統一インド」というバプジの夢は、あらゆる場面で攻撃を受けていた。

インド北部にあるイスラム教徒が暮らす地域を独立させ、違う国を作るという案は一〇年ほど前から存在した。国名は、「清らかな土地」を意味するパキスタンだ。しかしバプジは、この分離案に真っ向から反対していた。

分離運動のリーダーの一人に、ムハンマド・アリー・ジンナーというイスラム教徒がいた。彼もバプジと同じ弁護士出身で、ロンドンで働いていた。バプジと違うのは、上流にふさわしいふるまい（それを「傲慢」と呼ぶ人もいる）を捨てなかったことだ。ジンナーはバプジと激しく争った。


そして独立の日が近づいたとき、バプジの行動がすべての人を驚かせた。最後のインド総督であるマウントバッテン卿《きょう》に、独立インドの初代首相はジンナーにするべきだと提案したのだ。バプジの考えでは、これがイスラム教徒の信頼を勝ち取り、統一インドを守る唯一の方法だった。

あらためて考えてみると、バプジの提案は、政治の世界ではかなり異例だ。今のアメリカの政治家は、権力の座にとどまることだけに執着し、議事を妨害したり、最高裁判事の指名をわざと遅らせたりする。さらには、エゴを満足させるため、または活動資金を懐《ふところ》に収めるために、政府を閉鎖しようとすることさえある。

あの提案でバプジが伝えたかったのは、国全体の利益は、個人の感情や欲求よりも大切だということだ。

マウントバッテン卿は後に、「ガンジーの提案には衝撃を受けた。しかし、あのときは理想主義を優先できるような状況ではなかった」と語っている。従来の計画に従い、着実に前進する必要があったのだ、と。結局、初代首相はネルーが務め、ジンナーはパキスタンの国家元首になった。

インド独立の日に起きた「奇跡」

一九四七年六月三日、ついに交渉が終わり、合意文書に署名が行われた。インドはイギリスから独立するが、二つの国家に分けられる。

こういった複雑な交渉に、バプジの意見は取り入れられなかった。

分離の日が近づくにつれ、過激なヒンドゥー教徒とイスラム教徒の衝突はさらに激しくなった。当時は宗教間の争いが激化し、通りには死体が散乱しているような状況だった。

八月一五日がインド独立の日と決まったが、バプジはその日を楽しみに待つような気分にはなれず、心は重く沈んでいた。

国内の分裂はすでに始まっていた。国が分離したら、世界史上でも最大の民族移動が起こるだろう。およそ一五〇〇万人もの人々が、紛争を逃れるために住んでいる土地を離れることになる。

カルカッタ（現在のコルカタ）からデリーにいたるまで、人々は宗教による虐殺がさらに激化するのではないかと恐れていた。

そこで八月の初め、バプジは暴力と流血を止めるために暴動で破壊された街に向かった。私も同行したかったが、そのときばかりはバプジに許してもらえなかった。「子供の来るところではないよ」とバプジは私に言い聞かせた。

街の住人たちは、国の分割後のことを恐れていた。バプジは激しい怒りの爆発を目の当たりにしてショックを受けた。

次の街へと向かうバプジの乗った列車がカルカッタの駅で止まると、暴力の激化を恐れていた地元の役人は、独立の日までここにとどまってほしいとバプジに懇願した。

バプジは願いを聞き入れたが、条件をつけた。それは、ムスリム連盟議長のフセイン・シャヒード・シュラワルディと同じ屋根の下で寝泊まりすることだ。

「逆境は奇妙な同衾者《どうきんしゃ》を仕立てる、というわけですな」とバプジは言った。

しかし、これはただの冗談ではなく、巧《たく》みな戦術でもある。世界でもっとも有名なヒンドゥー教徒と、地域でもっとも有力なイスラム教徒が、同じ屋根の下に寝るというパフォーマンスを行えば、街頭で暴れている民衆も、暴力と流血を止めようと思うのではないだろうか。

二人は、暴動で略奪され、無人になった家に行った。最初は怒った群衆に取り囲まれ、バプジは殺されるのではないかと感じた。しかし、シュラワルディと並んで立ち、落ち着いた声で語りかけると、信じられないような効果があった。

ついに八月一五日がやって来ると、カルカッタの街頭では、心配したような殺戮《さつりく》は起こらなかった。人々は「ヒンドゥー教徒とイスラム教徒は兄弟だ！」と叫びながら、整然と行進した。集まった群衆は、私の祖父に向かってバラの花びらを投げた。

マウントバッテン卿は、この「カルカッタの奇跡」を讃《たた》えてバプジを祝福し、バプジが軍事力ではなしえなかった平和のオアシスの建設に成功したことを認めた。動乱と流血のさなかにあって、これは非暴力の力を証明する大きな出来事だった。

そのころ、国の反対側にあるデリーでは、新しい首相が独立インドの旗を初めて掲げていた。

「もし、独立が誰かの功績であるとするのなら、それはガンジー以外にありえない」

新首相は、歓声を上げる大群衆に向かってそう語った。

私はその日を、家族と一緒にボンベイで迎えた。何百万もの人々が街頭にくり出し、行進したり、踊ったりしていた。しかし、バプジへの敬意を込めて、家族や親戚の誰もお祭り騒ぎに参加しなかった。「喜ぶ理由は一つもない」とバプジが言っていたからだ。

私たち子供の何人かは、外のようすを見に行った。街の人たちは大興奮だったが、統一インドとして独立するという夢がかなわなかったバプジの悲しい目を思い出し、私は複雑な気持ちになった。

ともに独立を目指した同志たちは、自分の権力を第一に考え、最後はバプジをないがしろにしていた。国の分割は、あらゆる点でバプジの理想を否定している。国が分割すれば、人々の間の分断も深くなる。そしてバプジの危惧した通り、ヒンドゥー教徒、イスラム教徒の別なく、一般の人が前例のない規模で虐殺されようとしていた。

バプジはそれからも、インドの村々を訪ね、冷静さと平和を訴えていた。しかし、たとえガンジーでも、血に飢えた集団を抑えることはできなかった。人々は殺戮を逃れるために、故郷を離れて難民になった。ある町では、徒歩で逃げる人たちが列を作り、その長さは八〇キロ以上にもなったという。

このインドの大混乱は、非暴力とサティヤーグラハが忘れられたらどうなるかを教えてくれる、とても悲しい出来事だった。

祖父がかけてくれた最後の言葉

国の先行きがあまりに不透明だったこともあり、両親は私も連れて南アフリカに帰ることに決めた。

当時、インドから南アフリカへの船旅は、最低でも二一日はかかった。私たちが取れたいちばん早い予約は一一月の初めで、三カ月近く先のことだった。

父親がバプジに手紙を書き、一家で南アフリカに帰ることを伝えた。バプジは私たち全員を祝福し、私には特別に言葉を贈ってくれた。

「アルン、私が教えたことを忘れてはいけないよ。大きくなってからも、平和のために働いてくれることを願っている」

　バプジと過ごした二年間で、私は本当にたくさんのことを学んだ。そして、バプジが贈ってくれた言葉を読んで、さらに背筋が伸びる思いがした。

　これがバプジの最後の言葉になるとは、そのときは思ってもいなかった。


　私がアシュラムで過ごした二年の間、バプジはインドの希望の星だった。そしてあの二年間で、私の中でも大きな変化が起こっていた。私はもう、以前のようにしょっちゅう腹を立てることはなくなった。それに、たとえ腹が立っても、怒りの気持ちを賢く使う方法を身につけることができた。

　私もまた、世界を明るく照らすポジティブな光になれるかもしれない。私は非暴力の本当の意味について学び、そしてバプジが望んだように、差別や偏見、それに暴力につながるあらゆる不平等と戦う人生を選んだのだ。

　帰国の旅は長かったが、行きの旅ほど大変ではなかった。ワルダー駅からセヴァグラムまで歩いたときのつらさを思い出し、私は思わず笑みを浮かべた。

　私はまだ一〇代の子供で、自分に対しても、周りに対しても、証明しなければならないことはまだまだたくさんある。

しかし、エゴを優先して良識を忘れることは、もう絶対にないだろう。私は謙虚さについて学び、そして言葉ではなく、真心と行動で証明しなければならないということを学んだ。

そして、ついに南アフリカに到着した。両親の話では、私たちが暮らすフェニックス・アシュラムからわずか数キロのところに、インド人の生徒を受け入れる学校ができたという。もうあの恐ろしい修道会の学校に通わなくてすむのだ。校長先生に叩かれることもないし、三〇キロもの道のりを列車やバスを乗り継いで行くこともない。

すべては順調だったが、それでも私は、自分が南アフリカにいるのがなんだか不思議な気がしていた。あの二年間で、私はすっかり生まれ変わっていた。フェニックス・アシュラムにある両親の家は、セヴァグラムよりずっと快適だった。それに食べ物もおいしい。それでも私の心は、ずっとバプジとインドとともにあった。インドに帰ろうと思ったことも何度もある。

ガンジーの死

しかし、バプジとの再会はついに果たせなかった。

一月三〇日、私たちがインドを出発した二カ月後に、思いも寄らない悲劇が起こった。

妹のエラと私は、歩いて学校から帰るところだった。ぬかるんだ土の道路に、トラクターやトラックの轍《わだち》ができている。暑い日で、背の高いサトウキビが生い茂っていた。

学校を出ていくらもしないうちに、エラがもう歩けないと言い出した。そしてため息をつくと、その場に座り込んだ。

「もう歩きたくない。お兄ちゃん、おんぶして」

バプジの教えを受ける前の私だったら、エラの手をつかんで引きずっていくか、あるいは妹のわがままに腹を立てていただろう（エラと私は六つ離れていた）。しかしそのときは、すでに相手への敬意と理解の大切さを知っていた。

「おんぶはしないよ。歩かないなら、おまえをここに置いていくしかないね」

私は静かにそう言った。

とはいえ、妹を本当に置いていくつもりはなかったので、私はただそこに立っていた。

そのとき、フェニックス・アシュラムで暮らしている年配の男性が、急いでこちらにやって来るのに気がついた。彼がアシュラムの外に出るのを見たことがなかったので、私は驚いた。どこへ行くのだろうと眺めていたら、どうやら私たちを探しているようだった。

近くまで来ると、彼は息を切らしながら言った。

「アルン、すぐに走って帰りなさい。妹は私が連れて帰るから」

「今帰るところだよ。なんでそんなに急ぐの？」と私は尋ねた。

「いいから、走って帰りなさい。話は後だ。お母さんが待っている」

そのとき、これは何か重大なことが起こったに違いないと気づいた。

走って家に帰ると、ちょうど母親は電話をしているところだった。母は泣いていた。私に気づくと電話を切ったが、また電話が鳴った。母は電話に出たが、ほとんど話すことができなかった。泣いたり、電話に出たりしながらも、なんとか私に恐ろしいニュースを話してくれた。

大好きなバプジが殺された。

「もうバプジには会えないのよ」

母は泣きながら言った。

私は呆然としていた。そして、「お父さんはどこ？」と尋ねた。どうやって連絡したら
「お父さんは町で会議があるから、朝から出かけているの。どうやって連絡したらいいいいかわからないわ」。母はずっと泣いていた。

母は私に何か話そうとしたが、そのたびに電話が鳴って中断された。

私は喧噪《けんそう》に包まれ、呆然と立ち尽くしていた。目から涙が流れてきた。

バプジと過ごした二年間が、次から次へと蘇《よみがえ》ってきた。糸車で競争したこと、バプジが私の肩からぶら下がったこと、私の頬を包むバプジの優しい手。バプジがもういないなんて、とても信じられなかった。

「バプジを殺すなんて信じられない」と私は母に言った。

これまでにも何度かガンジー暗殺未遂があったことは知っていた。犯人はたいていヒンドゥー教右派だった。バプジがヒンドゥー教を裏切ったと思い込んでいたからだ。しかし、暗殺はすべて失敗に終わった。そのため私は、バプジは不死身だと思っていた。

間もなくして父親が帰宅した。顔面蒼白で、涙を必死にこらえていた。会議を終え、市場に行って果物を買っているときに、このニュースを知ったという。店の人たちから

家まで車で送ると言われたそうだが、父はなんとか平静を保ち、自力で帰ってきた。父は母を抱きしめ、そして家族全員で抱き合った。

暗殺のニュースを知った人たちが次々とやってきて、家の中は騒然としていた。「本当に本当なのか?」と、誰もがお互いに尋ねていた。

父は、もっと詳しい情報を知るために、インドにいる弟と連絡を取ろうとしたが、だいぶ時間がかかっていた。私たちの住んでいた場所は、まだ古い電話システムしかなかったので、何度もオペレーターを通さないと電話をかけることができなかった。そして、やっと相手につながっても、回線が安定しないために声がよく聞こえない。

それでも父は、私たち一家でお葬式に出たいということはなんとか伝えた。しかし叔父の話では、時間がないという。バプジは午後五時一六分に暗殺された。それからほんの二、三時間のうちに、一〇〇万人近い群衆が、暗殺のあったデリーに押しかけてきた。デリーの当局は、もし葬儀を遅らせたら、インドの全人口の半分がデリーに集まり、暴動が起こるのではないかと心配していた。そのため叔父は、翌日の午後に葬儀を行うことに同意した。だから私たちは、八〇〇〇キロ離れた土地からお別れをしなければならない。

翌日、私は両親と一緒に、雑音混じりのラジオでバプジの葬儀の実況を聞いた。バプジはあの日、デリーにあるビルラ家の邸宅に泊まっていた。私もバプジと一緒に行ったことがある家だ。

バプジは集まった人たちと一緒にお祈りをするために、邸宅の庭に出た。そのとき、私にしたのと同じように、両脇を歩く孫たちの肩に手を回していたという。バプジが出てくると、集まった人たちは左右に分かれて道を空けた。

そのとき、一人の男がバプジに向かって突進し、バプジの隣にいた女性を突き飛ばした——いつも私がいた場所だ。そして男は、バプジに三発の銃弾を撃ち込んだ。

許すことは、罰を与えるより勇敢なこと

多くの世界の首脳が、ガンジーの葬儀に参列することを望んだ。しかし、私たちと同じように、葬儀には間に合わなかった。

ローマ教皇、アメリカのトルーマン大統領、イギリス国王のジョージ六世は弔辞《ちょうじ》を

送った。葬儀に集まったインドの民衆は一五〇万人以上で、あらゆる宗教、カースト、人種の人たちがいた。そしておそらく、それと同じくらいのインド人が、デリー周辺の見晴らしのいい場所から葬儀を見守っていたことだろう。

しかし、バプジにもっともふさわしい追悼だったといえるのは、インド全土の暴力がぴたりと止んだことだったかもしれない。あれはまるで、スイッチを切ったようだったと誰かが言っていた。ガンジー暗殺のニュースが伝わると、殺戮も終わった——あれは、平和と連帯というバプジの夢が、もしかしたら実現できるかもしれないと思えた瞬間だった。

しかし、何千キロも離れた場所でラジオ放送を聞いていた私は、まったく穏やかな気持ちにはなれなかった。バプジが殺された瞬間を思い描いているうちに、当初のショックと悲しみが、だんだんと怒りに変わっていった。みんなでラジオの周りに集まっているときに、私はついに爆発した。

「あのとき僕が現場にいたら、バプジを殺したヤツの首を絞めて殺してやったのに！」

父は涙をぬぐうと、真剣な目で私をじっと見た。そして、「お祖父さんから教わったことをもう忘れてしまったのか？」と静かに尋ねた。

父は悲しんでいた。それでも父の声には、私の気持ちに寄り添う響きがあった。そして父は、バプジがいつもしていたように、私を抱き寄せた。

「怒りは賢く使いなさいとバプジは言っていたね。今のおまえの怒りは、どう使うのがいちばんいい方法だろう？」

私は少し考え、そして大きく息をした。

「バプジのように、世界の暴力をなくすために活動することです」

父はうなずいた。

「その通りだ。バプジの教えを絶対に忘れてはいけないよ。私たちがバプジのためにできるのは、バプジの使命を受け継ぎ、このような悲劇が二度と起きないようにするために人生を捧げることだ」

それでも、心にたまった怒りの感情は、どうにかして吐き出さなければならない。父もそれがわかっていたので、私たちも独自にバプジを追悼する計画を立てた。ポジティブな行動には、ネガティブな感情を消す力があるからだ。

南アフリカには、バプジが創設し、父が引き継いだ『インディアン・オピニオン』という週刊の新聞がある。その新聞で、バプジの追悼特集号を出すことにした。ガンジーとの思い出を語る文章や写真を投稿してもらい、またガンジーの生涯をふり返る記事も掲載する。

バプジの死から一カ月もしないうちに、私たちは一〇〇ページにも及ぶ追悼号を完成させた。印刷はすべて手刷りで行った。作業に追われていたおかげで、私たちは悲しみと怒りを紛らわせることができた。バプジのことを思い出し、むしろ愛で満たされ、心が温かくなった。

私は自分たちで作った追悼号がとても誇らしかった。バプジのことを思いながら、何度も何度も読み返した。


それでも、自分が想像したバプジが殺されるシーンを、頭の中から追い出すことはできなかった。想像の中では、私はバプジの隣に立っている。本当にその場にいたら、私は暗殺者を止めることができただろうか?

「今すぐあの人殺しをこの手で殺してやりたい」

ある日、私は両親に向かって再びそう言った。

母はため息をついた。母には私の気持ちがわかっていたが、バプジがそのような感情を望まないこともわかっていた。

「お祖父さんは、あなたが犯人を許すことを望んでいるのよ」

母は静かな口調でそう言った。

その言葉を聞いてはっとした。私は犯人を許すのではなく、復讐したかった。でもバプジなら、復讐は決して正しい答えにはならないと言うだろう。

復讐心を抱いていると、自分の心の平安も失われる。相手に傷つけられるだけでなく、自分で自分自身も傷つけているのだ。

私はそんなふうになってはいけない――それに、バプジを失望させたくはない。

非暴力とは、受け身的になることでも、臆病になることでもない。バプジはそう私に教えてくれた。愛する人を守るためなら、限定的に力を使うことは許される。

あの日、私がバプジの横にいたら、バプジはきっと、私にただ逃げてほしいとは思わなかっただろう。暗殺者に飛びかかることを望んだはずだ。しかし、私はあの場にいなかった。

そこで問題は、すでに起こってしまったことに、どう対応するかということになる。

「**許すことは、罰を与えることよりもずっと勇敢だ**」とバプジは言っていた。

人の真価が試されるとき、自分の強さを証明するのは、暴力や怒りではない。善のために行動することだ。

バプジの死後、インドは「一時の平和」というすばらしい贈り物をバプジに与えた。だから私は、大きな悪に直面しながら、「許し」という贈り物をしたいと思う。

バプジはよく言っていた。自分を愛してくれる人を愛するのは簡単だ。しかし、非暴力の本当の力は、自分を憎む人を愛することができるかどうかで決まる、と。

「この愛の大原則を守るのはたしかに難しい」とバプジは言った。

「でもね、本当に正しいことはたいてい難しいだろう？　自分を憎む人を愛するのは、その中でもいちばん難しい。それでも本気で望めば、簡単になるんだよ」

バプジの言う通りだった。許すのはたしかに難しい。しかし、それでも許さなければならないことはわかっていた。私自身のためにも、そしてバプジのためにも。この許しは、バプジと一緒に過ごした二年間への感謝の気持ちだ。

バプジはよく、こんなことも言っていた――「目には目を」という態度でいたら、世界中の人の目が見えなくなってしまう。

私たちは、「正義」の意味を考え直す必要があるだろう。悲劇に見舞われたら、暴力や報復に走るのではなく、世界をもっとよくすることを目標にしなければならない。

そのため私は、祖父が亡くなってからの年月を、祖父のメッセージを世界に広めることに捧げてきた――それは、許し、希望、そして非暴力だ。

許すことは、
罰を与えることよりもずっと勇敢だ。

あなたが見たい世界の変化に、まずあなた自身がなりなさい

残念ながら、悲劇に終わりはない。私の第二の故郷であるこのアメリカでも、理解できない殺人事件があるたびに、残された友人や家族は、ラジオを聞いていたあの日の私と同じ苦しみを味わうことになる。

許しがたい行動には、どう対応するのが正しいのだろうか。私はずっと長い間、その疑問と格闘していた。

一九九九年、コロラド州のコロンバイン高校で一〇人以上の生徒が殺された。当時としては、アメリカ史上最悪の学校での銃乱射事件だった。

現地で暮らす友人から、生き残った生徒や街の人に話をしてほしいと依頼された。誰もが、この無意味な殺人に怒り、仕返しをしたいと思っていた。

学校を訪問する日が近づくと、友人から連絡があり、どんな話をするつもりかと尋ねられた。

「罪を許し、前に進むことについて話すつもりだ」と私は答えた。

「そんなことを言ったら、外に放り出されるよ」。友人はそう警告した。「みんな本気で怒っている。そんな言葉は聞きたくないだろう」

しかし私は、聴衆の前に立ち、非暴力について語り、両親とバプジから学んだ「許しの精神」について語った。

彼らの苦しみはよく理解できる。私も同じ経験をしたからだ。それでも前に進み、憎しみではなく、愛で心を満たさなければならない。それが、よりよい社会を築くたった一つの道だからだ。

私はそう彼らに語りかけた。そして、外に放り出されることはなく、むしろ立ち上がっての拍手喝采を受けた。

また最近では、二〇一四年に、再び親しい人を亡くした人たちの前で講演を行った。今度の場所は、ミズーリ州のファーガソンだった。

一八歳の黒人の少年が、白人の警察官に殺されたことをきっかけに、街中で人種間の緊張が高まっていた。警察官の行為に反対する人が集まって大群衆になり、彼らはその年にファーガソンで殺された一一〇人の名前を一人ひとり読み上げた。群衆は怒りに満ちていた。黒人に対する偏見を激しく糾弾していた。

非難合戦のさなかにあって、私は突然、子供のころに聞いた母の言葉を思い出した。「誰かのせいにしたら、他の三人からあなたのせいにされますよ」と母は言っていた。人の間違いを非難するのではなく、まず自分の行いをふり返らなければならない。

そして、私が発言する番になった。怒れる群衆を前にして、バプジなら何と言うだろうと考えた。私は、彼らの心の傷を癒やしたかった。しかしそれと同時に、復讐は愚かだということにも気づいてもらいたかった。

「偏見は私たち全員の中に存在します。人種や肌の色は関係ありません」と私は言った。「自分の中にあるこの弱さを認めないかぎり、私たちが変わることはないでしょう。困難にぶつかったら、憎しみや卑怯《ひきょう》な態度ではなく、愛と優しさで立ち向かうのです。それが、世界を変える唯一の方法です」

そして私は、バプジのもっとも大切な教えを彼らに伝えた。

「**あなたが見たい世界の変化に、まずあなた自身がなりなさい**」

群衆の中に、うなずいている人たちが見えた。私に賛同する言葉も聞こえてきた。バプジの力強いメッセージは、彼らのように深く傷ついた人たちの心も動かすことができるのだ。

彼らはバプジの思いを受け取り、人にレッテルを貼らず、すべての人の中に善を見つけなければならないということを理解した。そのようすを見て、私もまた心が動かされた。

私の祖父の教えは、幸せなときも、つらいときも、私たちすべての心に届く。バプジがともした希望の光は、永遠に輝き続けるだろう。この世界を変えたいのなら、まず自分自身が変わらなければならない。

世界の平和を望むなら、自分の中に平和を見つけなければならない。

レッスン11

「違い」よりも「共通点」を探しなさい

私の祖父を暗殺した犯人は、過激なヒンドゥー教右派だった。バプジの目指すカースト制度の廃止とすべての人の平等が、どうしても許せなかったのだ。

彼と同じ種類の人たちは、今でもガンジーの功績を否定しようとする。どんな宗教にもよい教えはあるのだから、すべての宗教を尊重し、支持しなければならないというバプジの考えに、彼らは真っ向から反対する。

「どんな宗教も目指すものは同じで、ただそこに行くための道が違うだけだ」とバプジは言っていた。「目的地が同じなら、違う道を通ってもたいした問題ではないだろう?」

バプジが大切にしていたのは、すべての宗教に共通する真実だ。そして人々には、さまざまな宗教の経典を読み、その中からいい点を見つけることをすすめていた。

視野の狭い人は、自分の考えだけが正しいと思い込みがちだ。他者を貶めることで、自分の正しさを確認しようとする。違う思想や考えに触れると、自分の信念が揺るがされるのではないかと恐れている。バプジなら彼らに対して、そのような臆病な態度は、本物の信仰ではないと言うだろう。

アルバート・アインシュタインは、私の祖父についてこんな有名な言葉を残している。「未来の世代は、このような人物がこの地球に実在したことを信じられないだろう」。そしてアメリカのジョージ・C・マーシャル元国務長官は、バプジのことを「全人類の良心の代弁者」と呼んだ。また、「ガンジーは、人道と真実は帝国よりも強いということを証明した」と言った人もいる。

バプジは正式な肩書きを持たず、地位も富もなかった。軍隊を指揮したわけでもなければ、帝国の支配者だったわけでも、相対性理論を発見したわけでもない。

バプジはただ「真実」を語っただけだ。その真実が、私たち全員の心に深く響いた。

だからこそ人々は、ガンジーを尊敬してやまないのだろう。

セヴァグラム・アシュラムで暮らしていたときに、バプジから自分の弱点と悪い習慣のリストを作るように言われたことがある。それは、自分を非難するためではなく、自分が改善できる点を知るためだ。

弱点を克服して長所に変えるには、まず弱点を知らなければならないとバプジは言っていた。前の日よりも成長した自分になることを毎日の目標にする。成長に向けて努力を始めれば、後は雪だるま式に効果が大きくなる。

私はバプジのこの教えをずっと守って生きてきた。人生の目的は、世界に前向きな影響を与えることだとバプジは教えてくれた。だから私は、いつも意識して意義のある行動を選ぶようにしている。

「違い」ではなく、「共通点」が変化の希望となる

アメリカに移住したばかりのころ、大学生たちにバプジの教えを伝えたいと思った。しかし、私は博士号を持っていないので大学で教えることはできない。バプジなら、この種の不都合があっても、絶対にやりたいことをあきらめたりしなかった。どんなときも、自分の希望を叶える道を見つけ出す。

そこで私は、祖父の名前で非暴力の団体を作ることにした。その団体で、非公式の講義やワークショップを開催した。

そこでは、非暴力の哲学や、争いを効果的に解決する方法を教えた。そのなかで、バプジの理想が現代でも立派に通用することをあらためて実感した。ガンジーの哲学には、人々の間にある溝を埋める力がある。

それを証明する一例を紹介しよう。

一九九〇年代の初め、警官による黒人への暴力をきっかけに、ロサンゼルスで大規模な暴動が起こった。私が住んでいたメンフィスでも、同じような出来事があり、まさに一触即発の状態になっていた。私は地元の人々から、事態を沈静化させるよう何とかしてほしいと要請を受けた。

しかし、そうは言われても、どうすればいいのかわからない。私にはバプジのようなカリスマ性はなく、人を説得する力もない。

それでも、答えに迷ったときに、バプジがいつもすることなら知っていた。人々を集め、一緒にお祈りをするのだ。ともに祈りながら、みんなで答えを探す。

メンフィスで事件があったのは木曜日だった。そこで私は、日曜日にお祈りの会を開くことにした。お祈りには、どんな宗教の人も参加できる。

非暴力の団体の本部を置いていた大学の理事たちに相談したところ、そのようなイベントを開催するには、準備期間が少なくとも二週間は必要だという。

二週間！　そこで私は、こう指摘した――自分の家が燃えているときに、消防車が来るのを二週間も待っていられますか？

私は少人数の同志を集め、メンフィスに存在するすべての宗教団体に電話をかけた。会に参加し、平和と調和のために五分間だけ祈ってほしいと呼びかけた。それぞれの名前や肩書きは関係ない。五分という時間は、すべての人に平等に与えられる。

そして日曜になった。六〇〇人以上の人が、会場のサッカー場に集まった。おそらく、教会やモスクやシナゴーグではなく、中立的な場所を選んだことも幸いしたのだろう。どの宗教が優勢ということもなく、誰もが平等で、尊重されていると感じることができた。

三〇以上もの宗派が、五分の祈りを主導してくれた。会場は、連帯と友情、それに相互理解の空気で満ちていた。お互いに共通点はほとんどないと思っていた人たちが、笑顔で抱き合った。

この穏やかで満ち足りた空気は、会が終わっても消えず、何週間にもわたって人々の心の中に残っていた。メンフィスで暴動が起こらなかったのはあの祈りの会のおかげだと、多くの人が言っていた。

他者に向けて心を開くと、平和と希望が花開く。人々が力を合わせると、一人ではとてもできないようなことを達成できる。

バプジのアシュラムでは、「**血のつながった家族だけでなく、全人類を家族だと思いなさい**」と教えられていた。

家族が困っていたら自分を犠牲にしてでも助けるように、隣人だけでなく、まったく見知らぬ人の苦しみも自分ごとのように感じ、助けの手をさしのべる。

あまりにも多くの人が、自分の小さな世界を守ることに必死になり、全人類はつながっていて、自分一人だけでは花を咲かせられないということを忘れている――それが、バプジが本当に伝えたかったことだ。

広い世界に目を向け、他者との違いではなく、共通点を探すようにすれば、世界の平和に大きく貢献できる。

世界全体が生き残らなければ、私たち一人ひとりも生き残ることはできない。

金持ちはますます金持ちになり、貧しい人はますます貧しくなる今、あなたがお金持ちなら、この状態にまったく不満はないかもしれない。しかし、貧富の格差がこのままどんどん広がっていくと、争いの絶えない世界になってしまうだろう。

それに、貧富の格差は、さまざまな方法で人や地球を傷つけている。

たとえば、アジア、アフリカ、南アメリカに暮らす貧しい人たちは、家にガスも電気も来ていないので、薪《まき》を燃やした火で料理をしている。その薪を手に入れるために、森を丸裸にしてしまう。そして森がなくなると、彼らだけでなく、地球で暮らす私たち全員が困ることになる。

私たちはみなつながっている。世界の全人口の二〇パーセントが、世界の資源の八〇パーセントを独占して、現在の生活レベルを維持しているのに対し、残りの八〇パーセントの人々は食うや食わずの生活を強いられている――こんな状態では、世界がいつ爆発してもおかしくない。

血のつながった家族だけでなく、
全人類を家族だと思いなさい。

ガンジーなら、テロにどう対応したか？

アメリカには、自分の周りに壁を築けば、今の生活が守られると考えている人が多くいる。争いが起これば、世界一の軍事力が解決してくれると信じている。事実、アメリカは予算のほぼ六〇パーセントを軍隊や大量破壊兵器に費やしている。使い切れないほどの武器を作り、世界中に売り払っている。

アメリカが世界一の軍事大国であることは、すでに証明されている。だからこれからは、世界一の道徳大国になることを目指してみてはどうだろう？　それはつまり、自国の利益だけでなく、世界の利益になることを行うという意味だ。

９・１１の同時多発テロが起こったとき、アメリカが出した答えは「イラクへの爆撃」だった。それが後に、中東でのさらなる暴力の激化につながった。イラクと９・１１はまったく関係なかったと判明してからも、今度は「テロとの戦い」という名目で戦争を続けた。

その後もテロとの戦いは続き、終わりはまだ見えない。世界は冷静になるどころか、むしろさらに危険になっている。パリやブリュッセル、それに中東のいたるところでテロが頻発している。

私はよく、こう尋ねられる――「ガンジーならテロリズムにどう対応していたと思いますか?」と。

おそらく私の祖父は、「共感と思いやりを基盤にした外交政策を立てなさい」と言うだろう。私たちと世界との関係は、敬意と理解と受容の上に成り立つべきだ。

9・11の直後にバプジが生きていたら、まず憎しみの根源を理解することをアメリカ人に求めたかもしれない。何が彼らをあそこまでひどいテロ攻撃に駆り立てたのか、その不満がどこから生まれたのか、それを考えてほしいと言ったかもしれない。

これを読んで、あなたは「ちょっと待って!」と思ったかもしれない。「アメリカ人は何も悪いことはしていない。彼らは被害者だ」と。

たしかにその通りだ。しかし、世界に憎しみの火種があるのなら、私たちはまずそれを消さなければならない。私の祖父なら、アメリカを憎んでいる国や人々に手をさしのべ、両者の関係を改善しようとしただろう。

「平和ではない状態から、平和を生むことはできない」とバプジは言っていた。「それはまるで、茨《いばら》からぶどうを、あざみからいちじくを集めるようなものだ」と。

謙虚な態度は傷を癒す。傲慢な態度は傷を深くする。

「理不尽な状況」に慣れてはいけない

祖父が今の時代に生きていたら、国民の生活向上よりも、私腹を肥やすことを優先している世界の指導者たちを見て、きっとわが目を疑うだろう。権力の座にある者は、自分の力を人民のために使うべきだと、バプジは心から信じていた。

とはいえ、バプジは現実的な人でもあるので、いつも理想通りになるわけではないこともよくわかっていた。「力とは、誠実に他者に奉仕することだ。力を自分のためだけに使うのは、力を持つ者の品位を貶める」とバプジは言っていた。

政治家の多くは、選挙で勝つことと自分の出世だけを考え、自分の利益のためなら平気で憎しみや偏見をまき散らす。そんな自分の行動が、政府や民主主義そのものを貶めているということに気づいていない。バプジはそう心配していたのだ。

それでは、日々目にしている不正や暴力に対して、私たちはどう立ち上がればいいのだろうか？

まず大切なのは、**それらの間違った部分を本当の意味で「見る」こと**だ。

一八九五年の南アフリカで、ある白人が、肌の黒い人間と同じ客室に乗ることを拒否し、警察を呼んで私の祖父を列車から放り出した。あれがバプジにとって、あからさまな偏見を体験した最初の出来事だった。

バプジはショックを受けた。しかし、この出来事を他のインド人に話しても、たいていはただ肩をすくめるだけだった。彼らはただ、「白人に一等車から出ていけと言われたのなら、出ていけばいいじゃないか」と言うだけだ。

「でも、これは正しくない」とバプジはくり返し説明した。「不正を甘んじて受け入れるのは間違っている」と。

しかし、インド人たちの素っ気ない反応を見て、バプジもあることに気がついた。それは、**私たちを抑圧するいちばんの原因は、私たち自身である**ということだ。自分への不正に鈍感になり、他人が不正の犠牲になっていることにも鈍感になる。日々の生活に追われていると、世界に目が向かなくなってしまうこともある。そして理不尽な状況が、いつしか普通になっていくのだ。

バプジは私たちに、「今すぐ目を覚ましなさい！」と言うだろう。世界の不平等や不正から目をそらしてはいけない。偏見や不公平を受け入れる必要はない。あらゆるレベルの不正と戦わなければならない。

しかし、バプジも気づいていたように、憎しみに憎しみで、または怒りに怒りで対抗するのは無意味だ。そんなことをしたら、解決したいと思っている問題を、かえって何倍にも大きくしてしまうだろう。

愛、理解、自己犠牲、尊敬といったポジティブな姿勢だけが、変化を起こすことができる。

私の祖父は、変化を起こしたいときはまず対話を呼びかけた。対話で解決しないときは、群衆を率いて抗議運動を行い、すべての立場の人々の共感を勝ち取った。

バプジの非暴力主義は、現代でも立派に通用する。私たちは、究極の目標は何かということを忘れてはならず、それを達成する方法を考えなくてはならない。

たとえば、アメリカの若い黒人男性が警官によって何人も殺されている事態について考えてみよう。

これは正しくないことであり、終わりにしなければならない。しかし、殺人のたびに起こる抗議運動の多くは、殺した警官を罰することだけを目標にしている。

ここでバプジなら、もっと広い視野を持ちなさいと言うだろう。もちろん、罪を犯した人は償《つぐな》わなければならない。しかし、ここでの究極の目標は、無意味な殺人につながるような偏見や恐怖をなくすことであるはずだ。恐怖や偏見を抑えつけても、根本から解決しないかぎり、いつかまた爆発することになるだろう。

偏見はたしかに人々の中に存在し、どんなに善意の人であっても、偏見に基づいて行動してしまうこともある。それを認めることが、ここでの第一歩になるかもしれない。

分断を進める政治家たち

バプジが目指していたのは、お互いの違いではなく、共通点を見つけるような社会を築くことだ。

現在、多くの集団がバプジとは違う道を進み、社会を分断させることを目的にしてしまっている。コミュニティに恐怖を与えることで、自分たちの存在に気づかせようとする。そうすれば社会から尊敬され、認められると考えている。

彼らには、理解されたい、受け入れられたいという気持ちはない。ただ、自分のやりたいようにやるだけだ。

私は、彼らの苦しみに心から同情している。彼らが大変な戦いをしていることも理解している。

しかし、「分断と支配」という制度で生き残った社会は存在しない。分断された国やコミュニティは、いずれ崩壊することになる。特に今の時代は、その真実がはっきり見えるようになった。

多くの国の指導者は、扉を閉ざし、国境の外のことは関係ないと思い込もうとしている。しかし、世界はどんどん狭くなり、社会はむしろ多様化し、さまざまな人種や宗教が混在するようになっている。

バプジもこの変化に気づいていた。同じ人種、同じ民族で固まり、商売のときだけ他の世界と関わるという態度は、もう通用しないということを理解していた。

私たちは、すべての人類の利益になることを考え、人種や宗教の違いを超えて協力しなければならない。

今のアメリカは、「アイデンティティ政治」の罠に陥っている。人々が狭い世界に閉じこもり、狭い世界の価値観だけで投票している。国全体のことを考えるのではなく、自分が属する集団の利益になることしか考えていない（そして皮肉なことに、自分たちの利益を代表しているように見える党や候補者は、実際はそうでないことが多い）。

狭い世界の外に出て、全体の利益のことを考える。そのときに初めて、真の平等は可能になる。本物の民主主義とは、すべての人が平等であるだけでなく、誰もが社会に受け入れられ、尊重されるような制度だ。

バプジはよくこんなことを言っていた。

「政治家は、真実を謎というベールで包み、本当に大切なことをないがしろにして、小手先の対策でごまかすことが多い」

この言葉をすべての投票所に掲示することができたら、どんなにいいだろう。政治キャンペーンが、個人的な問題や、口先だけの公約で埋め尽くされ、世界全体を見据えた視点や、本当に大切なことが脇に追いやられてしまう。

このように目先のことしか考えないでいると、人々は苦しみ、国は崩壊するのだ。

「自分たち」と「彼ら」に分ける習慣をやめる

ドイツのベルリンには、「虐殺されたヨーロッパのユダヤ人のための記念碑」というとても立派な施設がある。中心の広場に貼られたポスターには、第二次世界大戦でこの街が破壊され、あらゆる宗教のドイツ人が、家も食べるものもなく苦しんだと書かれている。

みなそれぞれに家族がいて、将来の夢もあった。それらすべてが、憎しみの暴走によって奪われてしまったのだ。この記念碑を訪れると、人類は過去から学んだのだと希望を持つことができる。

しかし、私たちは本当に変わったのだろうか？　過去の悲惨な出来事から、大切なことを学んだのだろうか？

多様性を嫌うナチス的な思想は、世界の多くの国に存在する。これは、現代でもっとも危険な問題だと言っていいだろう。憎しみから生まれる悪を、私たちは毎日のように目にしている。学校でのいじめ、街頭での嫌がらせ、大量殺人、そして行き場を失った大勢の難民たち。第二次世界大戦が終わってからも、カンボジア、ルワンダ、ボスニアでは、憎しみが大虐殺につながった。

そして現在（原著発刊の二〇一七年）、私たちはシリアという国の崩壊を目撃している。遠い国の出来事だと思うかもしれないが、内戦ですべてを失った人たちは、みな私たちと同じ人間だ。意義のある仕事がしたいという意欲を持ち、家族を養い、安全な環境で子供を育てたいと思っている。コミュニティの役に立ち、平和に暮らしたいと願っている。しかし彼らは難民となり、誰も手をさしのべてくれないことに絶望している。**お互いの違いにばかり目を向けるのではなく、みな同じ人間であることを認識すれば、世界を見る目が変わり、お互いを見る目も変わるだろう。**

世界のどこかで起こっている紛争や悲劇は、自分には関係ないと思っているかもしれない。しかし、今日は安全でも、明日はどうなっているかわからない。

人種、宗教、国籍、ジェンダー、性的指向、政治的意見、体型、年齢、社会階層、障害の有無、言語、方言、性格、ひいきのスポーツチームなどで線引きし、「自分たち」と「彼ら」に分けていたら、人類はどこまでも分断されていってしまう。最終的には、全員が誰かにとっての「よそ者」になるだろう！

そして実は、自分が属する集団への忠誠や、よそ者を見下す態度に、実はこれといった根拠は存在しないことがわかっている。

心理学の研究によると、人はただ無作為にグループ分けされた場合でも、自分のグループに愛着を示し、自分たちが他よりも上だという感覚を持つという。グループ分けの基準がどんなにくだらないことでも、この傾向に変わりはない。

赤いTシャツを着ている人と、青いTシャツを着ている人を集めたら、すぐに同じ色同士で同盟関係ができあがる。

実験によると、赤いTシャツを着た人は、同じ赤いTシャツの人には親切だが、青いTシャツの人にはそうでもないという（もちろん、色を逆にしても同じ結果だ）。

私たちは、「同類」とみなした人には親切で協力的だが、「よそ者」とみなした人には冷たい態度を取るのだ。

最近の学校や家庭では、他者を理解することや多様性を受け入れることを、子供たちに教えるようになってきている。その教育の効果も、これから出てくるはずだ。

バプジに教わった平等や思いやりの大切さは、あれから何十年もたった今でも、私の中に力強く残っている。そして、これからもずっとなくなることはないだろう。

私たちはこの教えを、次の世代に伝えることができる。外の社会が彼らをどんな方向に引っぱろうとも、大切な価値観はずっと心に残っていくはずだ。

法律は始まりにすぎない

人々を分断し、社会を破壊する問題の多くは、法律で解決することはできない。それを解決できるのは、広い心で他者を理解し、受け入れたという真摯な気持ちだけだ。

もしバプジがずっと生きていたら、一九六四年にアメリカのジョンソン大統領が公民権法に署名するのを見て、きっと嬉しく思っただろう。

公民権法とは、人種、宗教、性別、出身国にかかわらず、すべての人に平等な権利を保障する法律だ。また、その四年後に住宅差別を禁止する法律が成立したときも、きっと喜んだに違いない。

しかし、バプジは賢い人なので、法律はただの始まりにすぎないということもわかっていた。あれから五〇年たった今でも差別が残っているのを見ても、バプジはきっと驚かないだろう。

一九六八年に住宅差別が撤廃されてから五年後、司法省がニューヨークのある不動産会社を訴えた。所有する物件にアフリカ系アメリカ人が入居するのを拒否したからだ。その不動産会社の社長はドナルド・トランプだった。たとえ法律ができても、彼は差別をやめなかった。

そのドナルド・トランプは、アメリカの大統領にもなった。現代の有権者の多くも、彼の行動に問題があるとは思わなかったのだろう。

公民権法の成立で、アメリカは半分だけ前に進んだ——しかし、そこで止まってしまったようだ。残りの半分を進むには、私たち一人ひとりの自覚と、正しい教育が必要になる。女性や同性愛者の権利についても、まったく同じことが言えるだろう。

法律を変えて人々を守るのは大切なことだ。しかし、偏見の害を肌で感じ、過去の間違いを認め、他者として排除していた人を完全に受け入れるまで、本当の変化は起こらない。

すべての人にスワラジを

バプジはよく言っていた。社会の豊かさは、物質的な物差しでは決まらない。それを決めるのは、すべての人に対する愛と敬意の深さだけだ、と。

バプジの好きな言葉に、サンスクリット語の「サルボダヤ」というものがある。これは「すべての人に幸せを」という意味だ。地球上のすべての人が、幸せで、満ち足りた生活を送る権利があると、バプジは心から信じていた。

人は誰でも、少なくともある程度までは、自分の利益のために行動する。バプジもそれは理解していた。

しかし、**自分のことだけではなく、他者の気持ちや希望も思いやれるようになれば、もっと自分のことを好きになれるだろう。**

バプジは、すべての人が生まれながらに持っている自由を、「スワラジ」（インド独立運動のスローガンの一つ。「独立」とか「自治」の意味）という言葉で表現した。

この「スワラジ」が確実にすべての人の手にわたるように、私たちは努力しなければならない。バプジの言う自由は、単に政治的な自由という意味ではない。バプジが目指していたのは、「何百万ものお腹を空かせている人、心が満たされない人に、スワラジを届ける」ことだ。

バプジは、自分の行動が正しいかどうか迷ったら、ある簡単な方法で判断していた。今まで会ったなかでもっとも貧しく、もっとも弱い人の顔を思い出し、「今この行動を取ったら、その人の役に立つだろうか？」と考えるという方法だ。

自分の行動は、その人が自立する助けになるだろうか？　その人は、人としての尊厳、そして「スワラジ」を手に入れることになるのだろうか？

もしそうなら、「迷いも、エゴも、消えてなくなるだろう」とバプジは言う。

一人ひとりが「世界を変える力」を持っている

政治の世界や、もっと大きな世界で何が起こっていようとも、私たちの一人ひとりが何かを変える力を持っている。

私はインドに帰るたびに、極度の貧困を目の当たりにして圧倒される。そしてそれと同時に、貧困問題を解決するために奮闘している個人の力にも、同じくらい圧倒される。

もう何年も前のことになるが、私はエラ・バットという女性と知り合った。

彼女は、小さなビジネスを始めようとする女性のために少額のお金を貸し付ける「マイクロファイナンス」の手配をしていた。

女性たちは、そこからお金を借りて、魚や果物、野菜を売ったりする店を出す。彼女が手配するマイクロファイナンスで商売を始めた女性は、インド全土で九〇〇〇万人以上にもなった。

しばらくすると、利用者の女性たちが、商業銀行からお金を借りるのは気が進まないので、自分たちで銀行を作りたいと言い出した。

エラ・バットは理解を示したが、それはおそらく難しいだろうと説明した。女性たちのほとんどは読み書きができず、自分で署名することさえできなかったからだ。

「それなら勉強します！」と女性たちは訴えた。

そこで、エラ・バットの家の居間で即席の勉強会が開かれた。勉強は夜を徹して続いた。

翌朝、バットは必要な書類を集め、女性たちそれぞれが署名するのを見届けた。彼女は誇らしい気持ちでいっぱいだった。

女性たちは「自営業女性協会（ＳＥＷＡ）」と名乗り、そしてすぐにインドＳＥＷＡ協同組合銀行を設立した。この銀行は成功し、たくさんの貧しい女性の自立を助けている。

一九七四年に銀行が設立されたとき、四〇〇〇人ほどの女性がメンバーになった。一人あたり一ドル以下のお金を払えば、事業の共同所有者になり、持分が手に入る。現在、

SEWA共同組合銀行は一万人近くの預金者を抱え、預金や貸し付け業務だけでなく、医療や法律相談などの事業も行っている。

ほかにも、シカゴ近郊に暮らすインディラとプシュピカ・フレイタス姉妹は、洋服の事業で、貧しい人々を助けている。デザイン画をインドのムンバイに送り、そこで現地のスラムに暮らす女性たちが、絞り染め、型染め、縫製などの技術を学び、デザインを元に洋服を作る。こうやって作られた美しい服はカタログ販売され、利益の八〇パーセントは、ムンバイの工場で働く女性たちに還元される。

このプログラムも大きな成功を収め、現在は保育所や医療などの事業も行い、貧しい境遇から自立を目指す女性たちをサポートしている。わが家とフレイタス家は昔からの知り合いで、姉妹の両親もまた社会活動に熱心に取り組んでいた。

世界にいる「違う人」とつながりを持とう

たとえ世界が間違った方向に進んでいるようなときであっても、本当に大切なことを子供たちに教えることはできる。彼らが成長し、世界に前向きな変化を起こすのを、誇らしく見守ることはできる。

偏見を克服し、違いではなく共通点を見つけるには、**自分とは違う人たちと個人的なつながりを持つことが大きなカギになる。**

たとえば米国国際教育研究所（ＩＩＥ）は、そのような立派な活動を行っている。全世界の学生を対象に、外国で学ぶための奨学金プログラムを実施しているのだ。専門的な研究の支援はもちろん、ただ外国の大学で学んで視野を広げたいという学生のための奨学金制度も存在する。

ＩＩＥの代表を務めるアラン・グッドマン教授は、教育が持つ影響力の大きさをよく理解している。

シリアの内戦が激化し、学生が勉強を続けられなくなると、グッドマン教授はそんな学生たちに教育の機会を提供することに尽力した。「私たちがやらなければ、ＩＳ（イスラミック・ステート）が彼らを教育してしまう」と教授は警告している。

グッドマン教授は、非暴力と教育は切っても切れない関係にあることをよく理解している。武器と憎しみを使って世界を変えようとする人は、最終的に世界を破壊することになる。そして教育と理解を通して世界を変えようとする人は、世界に希望を与えてくれる。

ＩＩＥでグッドマン教授が始めたプログラムには、大学生を対象にした一学期だけの留学プログラムもある。また他の団体でも、高校生が外国での暮らしを体験できるプログラムを提供している。多くの学生は、一般の家庭でホームステイして、地元の学校に通う。

このように若いときに外国で暮らしたことのある人は、何十年たっても、あれは人生を変える体験だったと言っている。外国の家庭に滞在し、彼らと一緒に食卓を囲んだり、祝日の行事を行ったりすることで、より大きな世界の一員になったと感じるのだ。

そして大人になった彼らは、政治家が移民や外国人を排斥する発言をしても、それに流されることなく、もっと広い視野で状況を正しくとらえることができる。

彼らは「違う人たち」を恐れたりはしない。ホストファミリーのお父さんが料理をしてくれたことや、お姉さんと一緒に星空の下を散歩したことが、彼らの中で美しい思い出になっているからだ。

マンハッタンに住むある女性は、９・１１の数年後に起こったことを話してくれた。

当時のニューヨークには、まだテロ攻撃のショックが残っていた。

ニューヨーク名物の一つに軽食を売る屋台がある。その女性は、ミッドタウンの超高層ビルで働いていて、勤め先の向かいにある屋台でバナナを買うのを毎朝の日課にしていた。

屋台の店主はとても働き者で、夜明け前に起きて果物を仕入れ、夜遅くまで店を開けている。どんなに暑い日も、どんなに寒い日も休むことはなかった。「うちには小さな子供が二人いるんだ。二人にはチャンスをあげたいからね」。店主はそう言って、勤勉に働く理由を説明した。

店主と彼女は、よく会話を交わすようになった。朝一番に彼と話すことで、彼女はいつも元気をもらっていた。

ある朝、店主は彼女に、やっとお金に余裕ができたので何カ月か家に帰ることにしたと伝えた。

「ご家族はどこに住んでいるの？」と彼女は尋ねた。

「アフガニスタンだよ」

彼女はぎょっとして、思わず店主の顔をまじまじと見た。たしかに彼は訛りの強い英語を話し、浅黒い肌をしている。それでも、いつも親切で礼儀正しいこの人物が、まさか敵国からやって来たとは思いもよらなかった。

そのとき突然、彼女は気がついた。彼は敵ではない。あの優しい笑顔を見れば、久しぶりに妻と子供たちに会えるのを楽しみにしているのがよくわかる。この人は私たちと同じだ。ただ、たまたま危険な国に住んでいるだけだ。

彼女は思わず店主を抱きしめた。そして、「ご家族に会ったら、私たちはみなさんの健康と幸せをお祈りしていますと伝えてね」と彼に言った。


バプジはよく、「**一オンスの行動は、何トンもの勉強より価値がある**」と言っていた。相互理解も、偏見をなくすことも、口で言うだけなら簡単だ。しかし、そのために実際に行動しなければ、言葉は大きな意味を持たない。

行動とは、外国に留学することでもいいし、自分とは違う人たちも同じ人間だと理解すること（そして、その人をハグすること）でもいい。

自分の心を変え、他人の心に影響を与えるには、行動を起こすのがいちばんだ。

バプジもこう言っていた。

「行動は最高のスピーチで、最高のプロパガンダだ」

すべての人が平等で、平和な社会を目指して

バプジの考える非暴力とは、ただ暴力を使わないということではない。バプジが目指していたのは、国が抱える大きな問題を解決し、すべての人の尊厳が守られるような社会を作ることだ。

草むらに捨てた鉛筆を、暗がりのなかで探したときに私が学んだように、真の非暴力にはもっと広い意味がある。ものを粗末にすることや、物質主義がもたらす害を理解し、すべての人の尊厳を認めることも、非暴力に含まれるのだ。

物理的な暴力を使わないというのは、非暴力の哲学の一部でしかない。ただその点だけにこだわっていると、非暴力主義を貶めることになってしまうだろう。

イスラエル人に向かって石を投げたパレスチナの人々は、自分たちは非暴力主義だと考えている。理由は、銃を使っていないからだ。

カリフォルニア州バークレーに拠点を置くラカス協会という団体も、直接的に人間に危害を加えたりはしないので、非暴力主義を標榜している。とはいえ彼らは、ものを破壊したり、店のガラスを割ったりすることは平気だ。

たしかにこのような騒ぎを起こせば、世間の注目を集めることはできるだろう。しかし、共感や理解を得ることはできない。野球のバットを振り回しても、自分や社会を変えることはできないのだ。

人類の歴史は、戦争と暴力の歴史でもある。つねにある集団が、別の集団を攻撃してきた。暴力によって何百万もの命が失われ、さらに何百万もの人々が、偏見や差別によって人としての尊厳を傷つけられている。歴史を通して、あまりにも多くの人々が、豊かで幸せな暮らしから遠ざけられてきた。

私たちは歴史をふり返り、南アフリカのアパルトヘイトのような制度を非難する。しかし、自分の言動の中にある偏見や差別に関しては、何かと言い訳を並べて正当化しようとする。自分の差別的な言動に無頓着な人を見ると、私は深呼吸して、バプジの静かなほほえみを思い出すようにしている。

バプジも言っていたように、変化はすぐには起こらない。自由、平等、平和を求める戦いは、長く険しい道のりになるだろう。バプジにとって、理想の実現を目指す道のりとは、何度も牢屋に入れられ、愛する妻と親友を目の前で亡くすという経験をすることでもあった。

しかし、もしバプジが今ここにいたら、あの苦しい戦いは、すべて価値があったと断言するだろう。そして、私たちの戦いも同じように価値があると言うはずだ。

非暴力で変化を目指すのは、長い戦いであり、忍耐力が求められる。しかし、バプジの生涯をふりかえればわかるように、すべての人が平等で、人として尊重される社会は、どんなに苦労して戦うことになっても、手に入れる価値がある——もちろんその戦いは、非暴力の戦いだ。

一オンスの行動は、
何トンもの勉強より価値がある。

エピローグ

二〇一五年、ロンドンの国会議事堂広場に、高さ二・七メートルのガンジー像が設置された。そのようすを見ながら、私の心には祖父との楽しい思い出が次々と蘇ってきた。もしバプジがここにいたら、銅像が実物に比べて大きすぎると冗談を言っただろう。それに、自分の銅像が、ウィンストン・チャーチル元英国首相の銅像の近くにあるという皮肉に気づき、おもしろがったに違いない。チャーチルはインドの独立に反対で、ガンジーを激しく批判していたからだ。

それでもバプジは、白人の指導者の銅像が並び立つこの国会議事堂広場に、自分とネルソン・マンデラの銅像が設置されたことを誇りに思うだろう。この二人の存在は、チャーチルの時代からイギリスが大きく変わったことを証明するシンボルだ。

当時のデーヴィッド・キャメロン英国首相は、除幕式のスピーチで、ガンジーは政治史における「最大の巨人の一人」だと表現した。たしかにバプジは、思想、美徳、リーダーシップという点で巨大な存在だったが、人間は本質的にみな平等だと心から信じていた。

そのためバプジの銅像は、他の指導者の銅像よりも地面の近くに立っている。生前のバプジが、自分もまた人々の一員だといつも断言していたからだ。

バプジは自分を完璧な人間だと思ったことは一度もない。もちろん聖人だとも思っていなかった。自分の弱点をよく理解し、自分を向上させようとつねに努力していた。

偉人と呼ばれる人たちも、初めは私たちと同じ人間で、同じようなことを感じていた。バプジも言っていたように、生まれながらの偉人は存在しない。理想に向けて努力を重ね、その結果として偉大な人と呼ばれるようになっただけだ。

悲しいことに、現代に生きる一部の人たちは、バプジの言葉をねじ曲げ、バプジの功績を貶めようとしている。

たとえばガーナ大学では、一部の学生が抗議デモを行い、設置されたばかりのガンジー像が撤去されることになったという。

バプジは銅像になることを目標にしていたわけではないので、撤去のことはまったく気にしないだろう。それでも、ガンジーを人種差別主義者だと主張し、銅像の撤去を要求した学生たちとは、直接会って話がしたかったに違いない。

学生たちの主張の根拠は、バプジが若いころに「カフィル」という言葉を使ったことだという。これは南アフリカで使われていた言葉で「黒人」という意味だが、現在は差別的な表現とされている。

バプジなら、学生たちの主張は正しいと認めるだろう。たしかに自分はその言葉を使った。それ以外の表現を知らず、意味を深く考えていなかったからだ。しかしバプジは、カフィルが差別的な表現だと知ると、すぐに使うのをやめている。

バプジはさらに、生まれながらに完璧な人間はいないということを、学生たちに指摘していたかもしれない。私たちにできるのは、失敗から学び、成長するために努力することだけだ。

ガーナの学生たちから見ると、バプジが南アフリカのインド人の権利を優先し、黒人を後回しにしていたことが不満だという。それに誰かの銅像を建てるなら、インド人ではなく、自分たちと同じ黒人にするべきだとも主張していた。

きっとバプジなら、それに答えて、「私の愛国心は、ただインドだけに向けられているのではありません。すべての人類に向けられているのです」と言っただろう。

アフリカ人の偉大な指導者の多くは、バプジのこの哲学を正しく理解している。南アフリカで反アパルトヘイト運動を指導したデズモンド・ツツやネルソン・マンデラは、ガンジーは偉大なお手本であり、自分たちの運動の精神的な支えだと言っていた。また、アフリカ系アメリカ人で、公民権運動を率いたマーティン・ルーサー・キング牧師もガンジーを賞賛し、非暴力の運動を受け継いでいる。

ガーナ大学での抗議デモを受けて、ガーナ政府は、ガンジー像を守るために場所を移すことを決定した。ガーナ政府にとって、ガンジー像はインドとの友好の証だ。だからガーナ国民には、「二〇世紀におけるもっとも偉大な人格者の一人」として、ガンジーを認めてほしいと思っていた。

私の祖父に限らず、歴史上の偉人の多くは、その生涯や功績をこまかく検証されている。彼らもまた人間なのだから、欠点や失敗が見つかっても、特に驚くようなことではないだろう。人間を聖人に仕立て上げるのは間違っている。

私たちはみな、それぞれが生きた時代の産物だ。同時代の政治から影響を受け、同時代の常識からも影響を受ける。それでもバプジのような賢い人は、視野を広げようと努力している。自分の行動を、過去、現在、未来という、大きな流れの中で判断している。

歴史の大きな流れを見ると、自分という存在がちっぽけに思えて、無力感を覚えるかもしれない。自分が何をしても変わらないとあきらめてしまうかもしれない。

しかし私は、この本を通して、「個人が持つ大きな力」を証明する物語を紹介してきた。**どんな人でも、周りの人たちの人生を変える力を持っている。**私は、そう心から信じている。そのためには、身の回りの出来事に興味を持ち、そして行動するだけでいい。

若いころのバプジを見て、この若者があの偉大なガンジーになり、世界中に影響を与えるようになると予言できた人は、おそらく一人もいないだろう。

若きガンジーは、小柄で痩せていて、存在感もカリスマ性も特になかった。国会議事堂広場の銅像でさえ、バプジはいつもの粗末な身なりだ。生身のバプジも、銅像のバプジも、本当に大切なのは見た目ではなく、強い信念を持って行動することだと教えてくれている。

バプジの大きな目標の一つは、人々の間にある垣根をすべて取り払い、誰もが「人はみな一人では生きていけない」と認めることだった。

ボーア戦争で救急部隊を率いていたとき、バプジは自分の命を危険にさらしてまでも、大怪我を負った兵士を野戦病院まで搬送した。イギリス兵だけでなく、イギリス軍に虐殺されていたズールー人も助けた。もしバプジや、バプジの部隊に参加したインド人のボランティアがいなかったら、ズールー人の死者はもっと多くなっていただろう。

どんな宗教の経典にも、思いやり、愛、お互いへの敬意の大切さが書かれている。たとえ宗教を信じない人でも、それらは人間としての基本だということは理解している。それなのに私たちは、この原則を忘れ、自分の都合しか考えないことがあまりにも多い。真の偉大さは、人として大切なことを忘れず、相手を貶めるのではなく、お互いに高め合う態度から生まれるのだ。

私たちの誰もが、幸せな人生を送りたいと思っている。ときには物質的な豊かさの中に幸せがあると思い込み、他の人を犠牲にしてまで、際限なく消費をくり返すこともあるかもしれない。しかし、本当の幸せは、もっと深いところからやって来る。平和のために戦い、すべての人の正義のために戦うのが、本当の幸せだ。

バプジは、誰もが夢見るような本当の幸せを手に入れていた。バプジの心は、いつも穏やかに満ち足りていた。

バプジは、すべての戦いに勝ったわけではなく、完璧な理想の世界を作ることに成功したわけでもない。それでも、自分を成長させること、世界をよりよい場所にすることに、自分のすべてを捧げていた。

「本当の喜びは、戦うこと、挑戦すること、そしてそのために苦しむことの中にある。勝利の中ではない」とバプジは言っていた。

私たちの誰もが、バプジの精神を受け継ぎ、平和と正義を求める戦いを続けることができる。非暴力の力で立ち上がることができる。

私の祖父と同じ道を目指せば、すべての人が、生まれながらの権利であるもっとも大きな喜びを手に入れることができる。私はそう、心から信じている。

本当の喜びは、
戦うこと、挑戦すること、
そしてそのために
苦しむことの中にある。
勝利の中ではない。

著者＝アルン・ガンジー

1934年、南アフリカのダーバンに生まれる。インドの伝説の指導者マハトマ・ガンジーの5人目の孫。『タイムズ・オブ・インディア』紙で30年間ジャーナリストとしてキャリアを積んだ後、1987年に「非暴力のためのM.K.ガンジー協会」を設立。世界各地で非暴力についてのスピーチを行った。2023年5月に逝去。

訳者＝桜田直美（さくらだ・なおみ）

翻訳家。早稲田大学第一文学部卒。訳書は『言語の力』（KADOKAWA）、『THE CATALYST 一瞬で人の心が変わる伝え方の技術』（かんき出版）、『アメリカの高校生が学んでいる投資の教科書』（SBクリエイティブ）、『「自信がない」という価値』（河出書房新社）など多数。

おじいちゃんが教えてくれた
人として大切なこと

2024年6月11日　第1刷発行

著　者——アルン・ガンジー
訳　者——桜田 直美
発行所——ダイヤモンド社
〒150-8409　東京都渋谷区神宮前6-12-17
https://www.diamond.co.jp/
電話／03･5778･7233（編集）　03･5778･7240（販売）
装丁————杉山健太郎
本文DTP——梅里珠美(北路社)
製作進行——ダイヤモンド・グラフィック社
校正————加藤義廣(小柳商店)
印刷————三松堂
製本————ブックアート
編集担当——畑下裕貴

ISBN 978-4-478-10289-3